Crea FAMA y échate a DORMIR

APRENDE LOS SECRETOS PARA DESARROLLAR UNA GRAN REPUTACIÓN A TU NEGOCIO

Jaime Perera

Crea Fama y échate a Dormir
Aprende los secretos para desarrollar una gran reputación a tu negocio
Primera edición: Noviembre 2024
Copyright © 2024 Jaime Perera

Todos los derechos reservados.
El autor de este libro no ofrece asesoramiento legal ni financiero, ni recomienda el uso de ninguna técnica específica como solución definitiva para problemas personales o de negocio, sin la consulta previa con un profesional adecuado. Este libro se basa en las experiencias propias del autor y tiene como objetivo proporcionar información general para ayudar a los lectores a mejorar sus estrategias empresariales y desarrollar la reputación de su negocio.
Si los lectores eligen aplicar las ideas o estrategias aquí descritas, lo hacen bajo su propio riesgo. Ni el autor ni los editores se responsabilizan por los resultados, decisiones o acciones tomadas por los lectores basándose en el contenido de este libro.

Edición, maquetación y diseño de portada: IdeaVisualGroup.com
info@ideavisualgroup.com
www.ideavisualgroup.com

Reservados todos los derechos. Salvo excepción prevista por la ley, no se permite la reproducción total o parcial de esta obra, ni su incorporación a un sistema informático, ni su transmisión en cualquier forma o por cualquier medio (electrónico, mecánico, fotocopia, grabación u otros) sin autorización previa y por escrito de los titulares del copyright. La infracción de dichos derechos conlleva sanciones legales, y puede constituir un delito contra la propiedad intelectual.

Copyright © 2024 Jaime Perera
Todos los derechos reservados.

ISBN: 9798301375774

Publicado por: IdeaVisualGroup.com

DEDICATORIA

Al ser mi primer libro, este se lo dedicare a mi esposa Nadya y a mi hijo Natán. Ellos dos son mi inspiración diaria para que cada día yo tenga los deseos de superación. Por ellos daría mi vida entera en sacrificio ya que ha sido el regalo más grande que Dios me ha dado sobre esta tierra.

Gracias a mi esposa e hijo que me han enseñado a ser un mejor esposo, padre, amigo, emprendedor y persona, me tomaría páginas enteras para describir lo agradecido que estoy con ellos ya añaden valor a toda mi vida.

Te amo Nadya Perera y te seguiré amando por el tiempo que Dios nos permita respirar en esta jornada.

Natán Perera, quiero que te conviertas en ese hombre que Dios diseño y que planeo desde mucho antes que nacieras. Siempre estaré orgulloso de ti.

AGRADECIMIENTOS

Agradezco a Jehová (YHWH) por darme la oportunidad de logra un sueño más de hacer un libro. Por el privilegio de que, a través de estas palabras escritas en este libro, hoy pueda imaginarme que esto puede llegar a cambiar la vida de muchas personas y que quedarán para otras generaciones.

Agradezco a mi amigo y coach Geo Fernández, por ser el que me motivo a lograr este sueño que para mí era muy lejano y a través de "Geito" logró hacerme ver que no es tan difícil como yo lo imaginaba.

Gracias a la revista "Negocio un Estilo de Vida" y a Aníbal Pérez, que por más de tres años y más de 20 artículos escritos, han confiado en lo que está dentro de mí y dejarme ser uno de sus escritores.

ÍNDICE

Dedicatoria v

Agradecimientos vi

Prólogo 9

Introducción 11

Capítulo 1 - Éxito Empresarial y La Reputación 15

Capítulo 2 - Los Valores como la Base del Negocio 25

Capítulo 3 - El Fracaso como Parte del Crecimiento 36

Capítulo 4 - Construyendo una Reputación Duradera 46

Capítulo 5 - La Importancia de la Integridad y la Confianza 56

Capítulo 6 - Redes de Contactos y Alianzas Estratégicas 65

Capítulo 7 - Tomando Decisiones en Tiempos de Crisis 74

Capítulo 8 - Superar las Expectativas del Cliente 83

Capítulo 9 - Visión Empresarial y Adaptación al Cambio 93

Capítulo 10 - El Valor del Compromiso Emocional y Ético 103

Capítulo 11 - Desafíos y Obstáculos en el Emprendimiento 113

Capítulo 12 - Transformando Clientes en Promotores 122

Capítulo 13 - Legado y Patrimonio Familiar en el Negocio 132

Capítulo 14 - El Papel de la Creatividad y la Innovación 142

Capítulo 15 - La Milla Extra Escrito Por: Nadya Perera 150

Capítulo 16 - La Empatía Escrito Por: Nadya Perera 160

Capítulo 17 - Crecimiento Orgánico 167
    Palabras finales: 172

PRÓLOGO

Permítanme comenzar con una breve introducción de mi experiencia de más de 15 años en el mundo empresarial, una travesía que refleja tanto los desafíos como las recompensas de construir un negocio desde cero. Nuestra historia como familia es, como la de muchos inmigrantes, un viaje impulsado por la esperanza y la resiliencia.

En 2001, mi esposa Nadya, nuestro hijo Natán, y yo, dejamos Costa Rica y emigramos a Estados Unidos en busca del "gran sueño americano." Llegamos con los bolsillos vacíos pero con una maleta llena de ilusiones. Desde el primer día, nos enfrentamos a un nuevo idioma, una cultura diferente y una vida cargada de desafíos. Mi esposa Nadya tomó varios trabajos, limpiando en una escuela y en un pequeño hotel durante el día. Más adelante, con esfuerzo y dedicación, consiguió sus primeros clientes por cuenta propia, estableciendo la base de lo que eventualmente se convertiría en nuestro negocio familiar.

Nuestro hijo Natán, quien llegó con solo dos años, enfrentó un cambio radical. Fue difícil verlo adaptarse a un entorno completamente desconocido, con un idioma y costumbres distintas. Pero, con el tiempo, demostró una capacidad increíble para adaptarse, aprender y prosperar. Hoy en día, verlo como un joven adulto nos llena de orgullo y satisfacción. ¡Te amamos mucho, Natán!

Por mi parte, también recorrí un camino lleno de altibajos. Durante los primeros años, trabajé en diferentes empleos: limpiando estadios, trabajando en fábricas y finalmente estableciéndome en un taller de soldadura. A lo largo de ese tiempo, aprendí el valor del esfuerzo, la adaptabilidad y la perseverancia.

En 2008, llegó la recesión que afectó la economía y me quedé sin trabajo. Esa experiencia marcó un punto de inflexión en nuestra historia. Decidimos unir nuestras fuerzas y trabajar juntos en el negocio de limpieza que mi esposa había comenzado. Fue un salto lleno de incertidumbre, pero juntos construimos lo que hoy es A1 Cleaning Services Inc., una compañía líder en el sector, con una sólida reputación y un crecimiento continuo respaldado por la confianza de nuestros clientes y colaboradores.

Compartimos esta historia no solo para inspirar, sino para mostrar que, si nosotros logramos superar nuestras limitaciones y construir un negocio en un país nuevo, ustedes también pueden hacerlo. Con el tiempo, aprendimos que la verdadera fama en los negocios no se gana solo con éxito financiero, sino a través de la integridad, el esfuerzo y el respeto que construyes con cada cliente y empleado.

Este libro está escrito para guiarte y recordarte que, aunque el camino sea duro, los valores y principios que sostienen tu negocio serán los pilares de tu éxito. Si nosotros pudimos lograrlo, tú también puedes. Bienvenido a esta aventura.

INTRODUCCIÓN

"*Crea fama y échate a dormir*" surge de experiencias vividas en nuestra empresa y de la observación de cómo muchas grandes compañías han construido una reputación sólida basada en sus valores, principios e integridad, logrando así beneficios económicos sostenibles. Este libro ofrece principios prácticos que puedes aplicar en tu propio negocio o emprendimiento. Si logras que estos principios y valores se conviertan en parte de la cultura de tu organización, establecerás una reputación que será tu mejor activo a largo plazo.

Empresas como Toyota, Apple, Rolex y marcas reconocidas han conseguido que sus nombres y logotipos vendan por sí mismos gracias a la constancia en sus valores y la integridad en su manera de hacer negocios. McDonald's, por ejemplo, revolucionó el mercado de comida rápida al optimizar su sistema de producción, estableciendo una reputación que aún mantiene. Estos casos demuestran cómo la reputación, respaldada por una base ética y sólida, puede ser un activo poderoso y duradero.

Para construir una excelente reputación, es vital entender y promover los valores y principios que definen el propósito central de tu negocio. Aprenderás a identificar y corregir errores que, si no se repiten, fortalecerán la percepción pública de tu marca y reafirmarán el compromiso ético de tu empresa. Como gerente, enfrentarás decisiones diarias, algunas difíciles, que impactarán la reputación de tu empresa. Este libro también te ayudará a valorar a tus empleados y clientes como personas, considerándolos activos esenciales, y a construir relaciones basadas en respeto e integridad.

Para empezar, definamos algunos conceptos clave:
- **Fama:** Es la condición de ser conocido y recordado, aunque no siempre por razones profundas o basadas en valores sólidos. Por

ejemplo, un científico puede ganar fama por sus contribuciones a la humanidad, o una actriz joven puede ganar notoriedad tras una película exitosa.

- **Prestigio**: Es el reconocimiento ganado en el tiempo, basado en la integridad y la capacidad. Es una forma de respeto en el ámbito profesional, donde una persona, marca o negocio destaca por su solidez y ética.

- **Reputación**: La reputación es la consideración y estima que los demás tienen hacia algo o alguien. Es un bien intangible que se construye y no se puede comprar, reflejando los valores y la integridad internos de una organización.

Este libro se centrará en la *reputación* empresarial, más allá de la fama, ya que la reputación está profundamente ligada a los valores y principios que se reflejan en la conducta organizacional. La reputación de una empresa depende de su compromiso con la integridad, el respeto y el cumplimiento de sus promesas.

Trabajar en la reputación desde el inicio, basado en valores y principios sólidos, facilitará el camino hacia el éxito empresarial. Una empresa con una reputación sólida y ética atraerá a personas con valores alineados, mejorando la comunicación y la cohesión. Este libro busca enseñar a emprendedores y pequeños negocios a desarrollar estas técnicas, incluso sin grandes presupuestos, para que mejoren su gestión.

Recuerda que la reputación es un activo invaluable que aumenta el valor de una organización y la hace perdurable en el tiempo. Cada capítulo ofrecerá herramientas prácticas que puedes aplicar de inmediato en tu negocio. No olvides que la reputación es el reflejo del alma de la empresa y que requiere inteligencia emocional y ética para guiarte en el camino adecuado.

Bibliografía:

https:/definicion.de

ESQUEMA DEL CAPÍTULO 1

1. Definición del Éxito y la Reputación en los Negocios

- Introduce cómo la reputación es más que solo una buena imagen; es un activo esencial que se construye con valores y principios sólidos.
- Cita empresas como Apple, Toyota y Rolex, que han logrado que su nombre represente calidad y valores específicos.

2. Fama vs. Reputación: Diferencias Clave

- Explica la distinción entre "fama" y "reputación".
- Ejemplos de empresas con buena reputación y cómo esta se ha convertido en su mejor carta de presentación.

3. Impacto de una Buena Reputación en el Éxito Empresarial

- Presenta cómo la reputación impulsa la confianza y, a su vez, el crecimiento empresarial.
- Menciona estudios o ejemplos de empresas que lograron expandirse debido a su reputación de confiabilidad.

4. Fundamentos para Construir una Reputación Sólida

- Enumera los valores clave: integridad, responsabilidad, y autenticidad.
- Destaca cómo estos valores deben ser pilares en cada decisión y acción de la empresa.

5. Reputación como el Pilar del Éxito a Largo Plazo

- Resalta que construir una buena reputación es un proceso continuo que exige compromiso y consistencia.

Capítulo 1

ÉXITO EMPRESARIAL Y LA REPUTACIÓN

Warren Buffett:

"Se tarda 20 años en construir una reputación y cinco minutos en arruinarla. Si piensas en eso, harás las cosas de manera diferente."

En el mundo de los negocios, el éxito no se mide solo por las cifras en una cuenta bancaria o el volumen de ventas, sino también por la forma en que una empresa es percibida por quienes interactúan con ella: clientes, empleados, proveedores y la comunidad en general. La reputación es un activo intangible pero poderoso, capaz de abrir puertas, construir alianzas estratégicas y generar oportunidades de crecimiento sostenido. Una buena reputación no se logra de la noche a la mañana; es el reflejo acumulado de principios, valores y acciones coherentes que han sabido resistir la prueba del tiempo y las adversidades.

Este capítulo explora la importancia de construir una reputación sólida desde los primeros pasos del emprendimiento. Las grandes compañías reconocidas mundialmente —como Apple, Toyota y Rolex— han sabido cómo cimentar sus nombres sobre una base de integridad, calidad y autenticidad. Estos gigantes empresariales no solo venden productos o servicios, sino que representan un compromiso con la excelencia, un valor que sus clientes y colaboradores reconocen y aprecian.

A diferencia de la fama, que puede ser efímera y fácilmente influenciable, la reputación es profunda y duradera, y es el resultado de una serie de decisiones y principios que guían cada aspecto del negocio. En esta sección, aprenderemos a diferenciar entre la fama y la reputación y descubriremos cómo esta última se convierte en el verdadero pilar del éxito empresarial. Además, identificaremos los valores fundamentales que permiten construir una reputación sólida, convirtiéndola en la mejor carta de presentación para cualquier empresa.

Construir una buena reputación es, en esencia, construir un camino hacia el éxito a largo plazo. Mientras más sólidos sean los valores y principios que la sostienen, más fuerte será la empresa en el tiempo y más resiliente ante los retos. La reputación es el reflejo del compromiso constante con la ética, el respeto y la integridad. Empezar con una visión clara de lo que representa tu negocio y los principios que quieres proyectar es el primer paso en esta emocionante travesía empresarial.

Definición del Éxito y la Reputación en los Negocios

Para muchas personas, el éxito en los negocios se asocia únicamente con logros tangibles como las ventas, las ganancias o la expansión de una empresa. Sin embargo, el éxito empresarial va mucho más allá de estos indicadores. El verdadero éxito es también el reflejo de una reputación sólida, construida a través de la ética, la responsabilidad y el compromiso constante con los clientes y la comunidad. Una empresa verdaderamente exitosa es aquella que no solo persigue beneficios económicos, sino que se esfuerza por ganar la confianza y el respeto de todos los que interactúan con ella.

La reputación empresarial es el conjunto de percepciones y opiniones que se forman en torno a una empresa a lo largo del tiempo. Es un bien intangible que se construye a través de la experiencia y la consistencia, y que a menudo habla más fuerte que cualquier campaña publicitaria. Tener una buena reputación implica que los clientes, empleados y socios ven a la empresa como confiable, ética y genuina en sus acciones, lo cual se convierte en una ventaja competitiva.

En este contexto, la reputación no es solo una herramienta de marketing; es la esencia misma de lo que representa una empresa. Los nombres de marcas como Apple, Toyota y Rolex no solo evocan productos de calidad, sino que también simbolizan un compromiso de calidad, responsabilidad e innovación. Estas compañías han entendido que una reputación basada en valores sólidos es lo que mantiene su posición en el mercado, incluso en tiempos difíciles. A lo largo de los años, estas marcas han demostrado que el éxito a largo plazo está intrínsecamente ligado a una reputación fuerte y respetada.

Un negocio que desea prosperar y perdurar en el tiempo debe tener en cuenta que su reputación es un activo invaluable. No se puede comprar ni construir de forma rápida; se gana con esfuerzo y coherencia, y está sustentada en los principios y valores que guían cada decisión empresarial. Es así como una empresa se convierte en una entidad confiable y digna de lealtad, capaz de crecer sin sacrificar sus ideales.

Fama vs. Reputación: Diferencias Clave

En el mundo empresarial, es común ver cómo muchas empresas y emprendedores buscan ganar reconocimiento rápidamente. Sin embargo, en este proceso de destacar, existe una diferencia fundamental entre la fama y la reputación. Aunque ambos conceptos pueden hacer que una empresa sea conocida, sus implicaciones a largo plazo son radicalmente distintas.

La fama es la visibilidad que se gana rápidamente, a veces de manera pasajera y sin un respaldo sólido en valores o ética. Puede ser impulsada por el impacto de una campaña publicitaria, el lanzamiento de un producto innovador o la intervención de una figura pública. Sin embargo, la fama puede ser efímera. Si una empresa o profesional no tiene principios claros que respalden esa notoriedad, corre el riesgo de que su visibilidad se desvanezca en cuanto cambian las tendencias o surgen nuevas opciones en el mercado.

La reputación, en cambio, es la imagen duradera que construye una empresa basada en sus valores, principios y acciones consistentes a lo largo del tiempo. A diferencia de la fama, que puede ser instantánea, la reputación requiere esfuerzo constante, integridad y una cultura organizacional que respalde cada promesa hecha al cliente. La reputación no es solo ser conocido; es ser conocido y respetado por lo que representas. Las empresas con una buena reputación no solo logran atraer a más clientes, sino que también ganan su lealtad, ya que generan confianza y un sentido de autenticidad que es difícil de igualar.

Un ejemplo de esta diferencia puede verse en marcas como McDonald's y Rolex. McDonald's se hizo rápidamente famosa al revolucionar el sector de comida rápida, pero ha trabajado constantemente para fortalecer su reputación mediante estándares de calidad, innovación en el servicio y adaptaciones a las necesidades de sus consumidores. Rolex, por otro lado, ha mantenido una reputación intachable en la industria de la relojería de lujo al combinar precisión, exclusividad y una calidad incuestionable. Mientras que la fama puede ser un primer paso para ganar atención, la reputación es la que asegura la permanencia y el respeto en el mercado.

Al comprender esta diferencia, los emprendedores pueden enfocarse en construir una marca que, además de ser conocida, inspire respeto y confianza. Alcanzar una reputación de valor significa comprometerse con los principios y prácticas que reflejan lo mejor de la empresa y buscar que cada interacción, ya sea con clientes, empleados o la comunidad, contribuya a ese valor duradero.

Impacto de una Buena Reputación en el Éxito Empresarial

Una buena reputación es mucho más que un concepto abstracto; es un pilar concreto del éxito empresarial. Las empresas con una reputación sólida no solo disfrutan de la lealtad de sus clientes, sino que también atraen nuevas oportunidades y relaciones valiosas. Este activo intangible tiene el poder de proteger el negocio en tiempos difíciles y de ampliar su alcance en momentos de crecimiento.

Cuando una empresa se destaca por su reputación, el impacto positivo se extiende a varios aspectos de su operación. Primero, una buena reputación genera confianza. Los clientes tienden a elegir empresas en las que pueden confiar, aquellas que han demostrado coherencia en sus valores y prácticas. Esta confianza no solo facilita la fidelización de clientes actuales, sino que también influye en la atracción de nuevos clientes, quienes suelen buscar opiniones y recomendaciones antes de decidir a quién confiar su negocio. En la era digital, donde las reseñas y comentarios están a un clic de distancia, la reputación de una empresa puede tener un efecto amplificado, impactando significativamente su éxito.

Además, la reputación atrae a talento de calidad. Las empresas con una reputación positiva son vistas como lugares atractivos para trabajar, lo que les permite reclutar y retener a empleados altamente capacitados y comprometidos. Estos empleados, a su vez, contribuyen a mejorar la calidad del servicio y a reforzar la cultura organizacional, creando un círculo virtuoso de excelencia que alimenta y fortalece la reputación de la empresa.

La buena reputación también puede facilitar el acceso a financiamiento y alianzas estratégicas. Los inversores y socios comerciales son naturalmente cautelosos a la hora de asociarse con empresas, y la reputación actúa como un sello de garantía. Aquellas empresas reconocidas por su ética, responsabilidad y transparencia en el mercado tienen una ventaja a la hora de establecer relaciones de negocio, dado que ofrecen una imagen de estabilidad y fiabilidad.

Por último, en tiempos de crisis o cuando se enfrentan retos importantes, una reputación sólida actúa como una red de protección. Los clientes y empleados suelen mostrarse más comprensivos y leales a una empresa que ha demostrado valores consistentes a lo largo de los años, brindándole un margen de maniobra que no tienen aquellas empresas con reputaciones más frágiles. Es en estos momentos cuando la reputación actúa como un activo invaluable, ayudando a la empresa a navegar por las dificultades con el apoyo de aquellos que confían en su integridad.

En conjunto, todos estos factores muestran cómo la reputación es esencial para el éxito empresarial. Las empresas que logran construir y mantener una buena reputación no solo sobreviven, sino que prosperan y aseguran su relevancia en el mercado a largo plazo.

Fundamentos para Construir una Reputación Sólida

La reputación de una empresa no se construye de la noche a la mañana; es el resultado de una serie de acciones y decisiones consistentes, guiadas por un conjunto de valores y principios claros. Estos fundamentos son los pilares sobre los cuales se sostiene la percepción pública de la empresa y, por lo tanto, son esenciales para mantener una buena reputación a largo plazo. A continuación, exploramos algunos de los principios clave para construir una reputación sólida:

1. Integridad

La integridad es la base de cualquier relación comercial exitosa y duradera. Las empresas que practican la integridad actúan con transparencia y honestidad, manteniendo sus promesas y cumpliendo con sus compromisos. La integridad es especialmente crucial cuando se presentan desafíos o situaciones de crisis; es entonces cuando los valores de la empresa se ponen a prueba. Al actuar con integridad, una empresa demuestra su compromiso con la ética y gana el respeto y la confianza de sus clientes, empleados y socios.

2. Responsabilidad

Ser una empresa responsable implica aceptar la rendición de cuentas por las decisiones que se toman y los efectos que estas pueden tener en los clientes, empleados, y en la comunidad en general. Las empresas responsables reconocen sus errores y se esfuerzan por aprender de ellos, demostrando una voluntad de mejora continua. La responsabilidad también se manifiesta en el cumplimiento de regulaciones, en la ética laboral y en el cuidado del impacto ambiental. Esta capacidad de asumir y corregir errores refuerza la confianza en la empresa y mejora su reputación.

3. Consistencia

La consistencia es lo que permite que los clientes sepan qué esperar de una empresa cada vez que interactúan con ella. Las empresas que mantienen una calidad constante en sus productos, servicios y atención al cliente demuestran que son confiables y dignas de la lealtad de sus clientes. La consistencia en el cumplimiento de los valores y promesas de la marca es un factor esencial en la construcción de una reputación duradera.

4. Empatía

La empatía en el contexto empresarial es la capacidad de ponerse en el lugar de los clientes, empleados y socios, y entender sus necesidades y preocupaciones. Las empresas empáticas escuchan activamente a sus clientes y colaboradores, adaptando sus estrategias para responder a sus expectativas. Cuando una empresa muestra empatía, genera una conexión emocional que va más allá de una transacción comercial, fortaleciendo la relación y ganando la lealtad de las personas.

5. Innovación Responsable

La innovación es clave para mantenerse relevante en un mercado competitivo. Sin embargo, es importante que esta innovación se desarrolle con responsabilidad, asegurando que los nuevos productos o servicios mantengan los estándares de calidad y se alineen con los valores de la empresa. Innovar de forma responsable refuerza la reputación de la empresa, mostrando su compromiso con la calidad y la mejora continua sin comprometer los principios.

Al enfocarse en estos valores y principios, una empresa puede construir una reputación sólida que le permita destacar en el mercado y fidelizar a sus clientes. La reputación, en última instancia, es el reflejo de la esencia de la empresa y de su compromiso con los principios que la sostienen. Estos fundamentos son, por tanto, el verdadero motor de un éxito sostenible.

Reputación como el Pilar del Éxito a Largo Plazo

Construir una buena reputación es una inversión que rinde frutos a lo largo del tiempo. Aunque puede ser tentador buscar resultados rápidos a través de la fama, una reputación sólida es lo que garantiza la sostenibilidad y relevancia de una empresa en el mercado. A diferencia de los logros temporales, la reputación es un activo perdurable que, si se cultiva adecuadamente, sigue aportando valor mucho después de que el esfuerzo inicial haya sido realizado.

En el competitivo mundo de los negocios, donde las tendencias cambian rápidamente y las expectativas de los consumidores son cada vez más altas, la reputación actúa como una ancla de confianza. Las empresas con una reputación establecida no solo son más resistentes a las crisis, sino que también atraen nuevas oportunidades de crecimiento y consolidación. Clientes, empleados, inversores y socios buscan relacionarse con empresas en las que confían, y esta confianza se basa en la coherencia y los valores que proyecta la reputación.

Al comprender que la reputación es el reflejo de los principios, la ética y el compromiso de una empresa, los líderes pueden tomar decisiones que fortalezcan este activo en cada interacción y proyecto. La reputación no es un beneficio inmediato; es una recompensa que llega con el tiempo y que requiere un esfuerzo continuo. Pero es precisamente esta perseverancia la que permite que una empresa sea vista como un referente en su sector.

En definitiva, construir y mantener una buena reputación es el camino hacia un éxito empresarial auténtico y duradero. Para cualquier empresa que desee prosperar y dejar una huella significativa, la reputación debe ser su pilar más firme, su mejor carta de presentación y su activo más valioso.

ESQUEMA DEL CAPÍTULO 2

1. **Introducción: Los Valores como la Base del Negocio**
   - Explicación de cómo los valores empresariales son el núcleo de una empresa, guiando cada decisión, acción y relación.
   - Ejemplos breves de empresas que se destacan por sus valores sólidos y cómo estos han impactado su éxito a largo plazo.

2. **Definición de Valores Empresariales**
   - ¿Qué son los valores empresariales y por qué son esenciales?
   - Diferencia entre valores personales y valores de negocio, y cómo estos deben integrarse en la cultura de la empresa.

3. **Principales Valores que Fortalecen la Reputación Empresarial**
   - **Integridad**: La importancia de la honestidad y transparencia en cada interacción y decisión.
   - **Responsabilidad Social**: El compromiso de una empresa con la comunidad y el medio ambiente.
   - **Calidad y Excelencia**: La búsqueda continua de ofrecer el mejor servicio o producto posible.
   - **Innovación Ética**: La responsabilidad de innovar sin comprometer los principios.
   - Ejemplos de cómo estos valores influyen en la confianza del cliente y en la imagen pública de la empresa.

4. **Impacto de los Valores en la Cultura Organizacional**
   - Cómo los valores influyen en la forma en que se trabaja dentro de la empresa, afectando la motivación, la satisfacción y la retención de los empleados.

- La creación de una cultura organizacional que refleje los valores de la empresa y la importancia de ser un modelo para los colaboradores.

5. Los Valores en la Toma de Decisiones

- La importancia de que los valores sean una guía en las decisiones estratégicas, tanto en tiempos de crecimiento como en momentos de crisis.
- Ejemplos de decisiones difíciles en las que los valores han sido el factor decisivo, y cómo esto afecta la percepción pública de la empresa.

6. Construyendo Confianza a Través de los Valores

- Explicación de cómo la consistencia en los valores crea confianza y lealtad en los clientes y en la comunidad.
- Casos de éxito de empresas que han ganado la lealtad de sus clientes gracias a un compromiso inquebrantable con sus valores.

7. Valores como el Pilar de un Éxito Sostenible

- Resumen de la importancia de los valores como cimientos del negocio, guiando tanto la estrategia interna como la reputación pública.
- Invitación a los emprendedores a definir y alinear los valores de su empresa, asegurando que estos sean la base de cada aspecto del negocio.

Capítulo 2

LOS VALORES COMO LA BASE DEL NEGOCIO

ALBERT EINSTEIN:

"Procura no ser una persona de éxito, sino una persona de valor."

En el entorno empresarial actual, los valores ya no son solo palabras bonitas en un manual corporativo; son el núcleo de cualquier empresa que aspire a dejar una huella significativa. Los valores empresariales actúan como una brújula que guía todas las acciones y decisiones, definiendo cómo se opera y se interactúa con los clientes, empleados y la comunidad. Los negocios que logran integrar sus valores en cada aspecto de su cultura organizacional se distinguen por su capacidad para generar confianza y construir relaciones duraderas, creando un impacto positivo que se extiende más allá de las transacciones comerciales.

Este capítulo se adentrará en la importancia de los valores en los negocios, mostrando cómo los principios sólidos no solo mejoran la reputación de una empresa, sino que también fortalecen su capacidad para adaptarse, superar desafíos y prosperar a largo plazo. Empresas icónicas como **Google**, **Patagonia** y **Ben & Jerry's** han construido sus marcas alrededor de valores como la responsabilidad social, la transparencia y el respeto hacia el medio ambiente. Estos principios han sido esenciales para su crecimiento sostenido y han ganado la lealtad tanto de clientes como de empleados.

Los valores empresariales no son solo una estrategia para ganar popularidad; son el cimiento sobre el cual se construye el éxito verdadero y duradero. Establecer y vivir de acuerdo con principios firmes permite a las empresas forjar una identidad auténtica que resuena con sus públicos y que marca la diferencia en un mercado saturado de opciones. A medida que exploramos los fundamentos y el impacto de los valores en los negocios, veremos cómo estos forman una base que no solo impulsa el crecimiento, sino que también inspira respeto, confianza y admiración en todos aquellos que interactúan con la empresa.

Definición de Valores Empresariales

Los valores empresariales son los principios fundamentales que definen el carácter y la ética de una empresa. Actúan como un marco de referencia que orienta las decisiones, la cultura y el comportamiento organizacional. Los valores empresariales no solo son una declaración aspiracional; representan los compromisos de una empresa y se reflejan en cómo se relaciona con sus clientes, empleados, proveedores y la sociedad en general.

A diferencia de los valores personales, que son inherentes a cada individuo, los valores empresariales son el conjunto de ideales que guían el propósito y la visión de la empresa en su conjunto. En esencia, los valores empresariales son la "personalidad" de la empresa y ayudan a establecer una identidad coherente que trasciende más allá de sus productos o servicios. Por ejemplo, un valor como la transparencia implica que la empresa se compromete a actuar con claridad y sinceridad en todas sus interacciones, creando un ambiente de confianza tanto internamente como externamente.

Los valores empresariales también proporcionan un sentido de propósito compartido entre los empleados, ayudándolos a entender cómo contribuye su trabajo al éxito y crecimiento de la empresa. Cuando los valores son claros y se viven de manera auténtica, crean una cultura organizacional cohesiva que fomenta el sentido de pertenencia y el compromiso. Los empleados no solo sienten que son parte de una empresa, sino que también sienten que su trabajo tiene un impacto significativo.

Por último, los valores empresariales sirven como una guía en la toma de decisiones. En momentos de crisis o dilemas éticos, los valores actúan como una brújula que orienta hacia la mejor acción a tomar. Ya sea en la manera de tratar a los clientes, en la política de gestión de empleados o en el enfoque hacia la innovación, los valores brindan coherencia y claridad, asegurando que cada paso que dé la empresa esté alineado con su propósito y misión.

Principales Valores que Fortalecen la Reputación Empresarial

Los valores empresariales son el fundamento de una reputación sólida y duradera. Cuando una empresa define y practica sus valores con coherencia, estos se convierten en los pilares que refuerzan su credibilidad y confiabilidad en el mercado. A continuación, exploramos algunos de los valores fundamentales que contribuyen a fortalecer la reputación de una empresa:

1. Integridad

La integridad es la base de toda relación de confianza. En el contexto empresarial, actuar con integridad significa ser honesto, transparente y ético en todas las transacciones y decisiones, sin importar las circunstancias. Las empresas que practican la integridad demuestran a sus clientes, empleados y socios que valoran la honestidad por encima de cualquier beneficio temporal. Este valor es especialmente importante en momentos de crisis, cuando se ponen a prueba los principios de la empresa.

2. Responsabilidad Social

En una época en la que los consumidores y comunidades exigen más de las empresas, la responsabilidad social se ha convertido en un valor clave. Esto implica que una empresa no solo se enfoque en su propio éxito, sino que también considere el impacto de sus acciones en el entorno y en la sociedad. La responsabilidad social puede manifestarse de muchas formas, desde prácticas sostenibles hasta iniciativas de impacto comunitario, y muestra el compromiso de la empresa de contribuir positivamente al mundo.

3. Calidad y Excelencia

La búsqueda de la excelencia implica un compromiso constante de ofrecer productos y servicios de alta calidad que superen las expectativas de los clientes. Las empresas que priorizan la calidad se destacan en el mercado y construyen una reputación que las posiciona como referentes en su sector. La excelencia no solo eleva la satisfacción del cliente, sino que también genera lealtad, ya que los consumidores tienden a regresar a las marcas en las que confían.

4. Innovación Ética

En un mundo en constante evolución, la capacidad de innovar es esencial para la relevancia de una empresa. Sin embargo, la innovación debe estar guiada por principios éticos que aseguren que los nuevos desarrollos no comprometan la integridad de la empresa. La innovación ética implica desarrollar soluciones que beneficien a los clientes y a la comunidad sin poner en riesgo valores fundamentales. Este enfoque refuerza la reputación de la empresa como una entidad que se adapta al cambio con responsabilidad y respeto.

Cada uno de estos valores es fundamental para fortalecer la reputación de una empresa. Juntos, integridad, responsabilidad social, calidad y excelencia, e innovación ética constituyen la esencia de una organización confiable y respetada. La aplicación constante de estos principios no solo fomenta la lealtad del cliente, sino que también atrae a empleados comprometidos y a socios que comparten los mismos ideales, ampliando el impacto positivo de la empresa en todos los niveles.

Impacto de los Valores en la Cultura Organizacional

Los valores no solo definen cómo una empresa se presenta ante el mundo; también modelan su cultura interna, afectando directamente cómo sus empleados piensan, actúan y se relacionan entre sí. Cuando los valores están profundamente arraigados en una organización, estos se reflejan en cada nivel, creando un entorno laboral positivo, motivador y cohesivo. La cultura organizacional basada en valores es, en esencia, la manifestación tangible de lo que una empresa representa y aspira a ser.

Un entorno empresarial que respeta y promueve sus valores genera una **mayor motivación y satisfacción laboral**. Los empleados que ven sus valores personales alineados con los de la empresa sienten un sentido de propósito y pertenencia más fuerte. Saben que su trabajo tiene un impacto que va más allá de una simple transacción comercial y que forma parte de un proyecto mayor que comparte su visión ética y profesional. Esta alineación no solo mejora la satisfacción y la retención de los empleados, sino que también incrementa la productividad y la creatividad, ya que los empleados se sienten más comprometidos y dispuestos a dar lo mejor de sí mismos.

Además, una cultura organizacional cimentada en valores crea un **entorno de confianza y colaboración**. Los valores como la integridad, el respeto y la empatía facilitan la comunicación abierta y el trabajo en equipo. En una organización donde los valores son una prioridad, los empleados se sienten seguros al expresar sus ideas y opiniones, sabiendo que serán respetados y escuchados. Este tipo de entorno no solo fomenta relaciones laborales saludables, sino que también refuerza la cohesión del equipo, mejorando la capacidad de la empresa para enfrentar desafíos y adaptarse al cambio.

Por último, los valores organizacionales proporcionan una **guía clara para la toma de decisiones**. Cuando los empleados tienen claro qué representa su empresa y cuáles son sus principios, pueden tomar decisiones que reflejen estos ideales, incluso en situaciones difíciles o de incertidumbre. Esta coherencia en la toma de decisiones refuerza la identidad y la reputación de la empresa, y permite a los empleados actuar con confianza, sabiendo que están respaldados por una base ética sólida.

En resumen, los valores no solo son esenciales para la proyección externa de una empresa, sino que también son la base de una cultura organizacional sólida y unificada. Al implementar y vivir de acuerdo con estos valores, una empresa crea un entorno donde la confianza, la motivación y la colaboración se convierten en elementos fundamentales de su éxito.

Los Valores en la Toma de Decisiones

En el día a día empresarial, las decisiones pueden tener un impacto significativo no solo en los resultados económicos, sino también en la percepción pública de la empresa y en su relación con empleados y clientes. Los valores empresariales sirven como una guía constante que orienta la toma de decisiones, asegurando que estas estén alineadas con la misión y visión de la empresa. Esta alineación es crucial para mantener la coherencia y la integridad, especialmente en situaciones de crisis o en momentos en que las decisiones son particularmente difíciles.

Un ejemplo clave es la **integridad** en la toma de decisiones. Las empresas que valoran la integridad actuarán de manera ética y transparente, incluso cuando esto no represente el camino más fácil o rentable. Ante una elección complicada, como un conflicto con un cliente o un problema de calidad en los productos, una empresa que prioriza la integridad optará por asumir la responsabilidad y tomar acciones correctivas, en lugar de buscar atajos o encubrir el problema. Esta postura no solo preserva la confianza de los clientes, sino que también refuerza la credibilidad de la empresa en el mercado.

Además, los valores ayudan a las empresas a **navegar en tiempos de incertidumbre o crisis**. En situaciones en las que hay múltiples opciones y ninguna garantiza un resultado ideal, los valores actúan como una brújula que señala el camino más coherente con la identidad de la empresa. Por ejemplo, durante una crisis económica, una empresa con un fuerte compromiso social puede decidir reducir sus beneficios para evitar despidos, mostrando que valora a sus empleados y prioriza el bienestar colectivo sobre las ganancias inmediatas.

Estas decisiones, aunque difíciles, construyen una reputación de responsabilidad y empatía, cualidades que a menudo generan lealtad y apoyo duradero.

Finalmente, los valores permiten a las empresas tomar **decisiones estratégicas a largo plazo**. Al contrario de las decisiones impulsadas únicamente por resultados financieros, las decisiones guiadas por valores se orientan hacia objetivos sostenibles y éticos. Esto es especialmente importante en áreas como la innovación, donde el enfoque no solo es crear algo nuevo, sino hacerlo de manera ética y beneficiosa para la sociedad. Así, una empresa que valora la responsabilidad ambiental podría invertir en tecnología limpia o reducir el desperdicio en sus operaciones, aun cuando los costos iniciales sean altos.

En resumen, los valores empresariales proporcionan un marco que facilita la toma de decisiones coherentes y responsables. Al actuar en concordancia con sus valores, una empresa no solo se asegura de que sus acciones reflejen su identidad, sino que también fortalece su reputación y construye una relación de confianza con su público.

Construyendo Confianza a Través de los Valores

La confianza es uno de los activos más valiosos para cualquier empresa. Sin confianza, es difícil ganar la lealtad de los clientes, atraer talento comprometido o establecer relaciones sólidas con socios y proveedores. Los valores empresariales juegan un papel fundamental en la construcción de esta confianza, ya que representan el compromiso de la empresa con principios éticos y prácticas coherentes. A través de la aplicación constante de sus valores, una empresa demuestra que es confiable, honesta y transparente en sus interacciones.

Uno de los aspectos clave para construir confianza a través de los valores es la **consistencia**. Cuando una empresa practica sus valores de manera consistente, los clientes y colaboradores saben qué esperar, lo que crea una sensación de seguridad y previsibilidad. Por ejemplo, una empresa que valora la calidad no solo ofrecerá productos de alto estándar en un lanzamiento, sino que mantendrá este compromiso en todas sus operaciones, garantizando que cada producto o servicio cumpla con las expectativas. Esta consistencia refuerza la confianza del cliente, ya que saben que pueden contar con la empresa en cada interacción.

La **transparencia** es otro valor esencial para fortalecer la confianza. Las empresas que practican la transparencia son abiertas y sinceras sobre sus procesos, desafíos y decisiones. Este enfoque es particularmente importante en la era digital, donde la información fluye rápidamente y cualquier inconsistencia puede afectar la percepción pública de una empresa. Al ser transparentes, las empresas invitan a sus clientes y colaboradores a formar parte de su misión, compartiendo tanto los logros como los desafíos. Esta apertura no solo genera confianza, sino que también fomenta una relación más genuina y cercana con el público.

Finalmente, la **responsabilidad** es un valor que demuestra el compromiso de la empresa con su impacto en la sociedad. Las empresas que valoran la responsabilidad actúan de forma ética y toman en cuenta las consecuencias de sus decisiones, no solo en términos de beneficios económicos, sino también en su impacto en la comunidad y el medio ambiente. Esta responsabilidad se manifiesta en decisiones que priorizan el bienestar común, como la adopción de prácticas sostenibles o el apoyo a causas sociales. Las empresas responsables ganan la confianza de sus clientes y comunidades, ya que demuestran que sus acciones están guiadas por un propósito que va más allá del beneficio personal.

En conjunto, la consistencia, la transparencia y la responsabilidad son los pilares sobre los que se construye la confianza en una empresa. Al vivir de acuerdo con sus valores y demostrar compromiso en cada decisión y acción, una empresa no solo gana la confianza de sus clientes y colaboradores, sino que también fortalece su reputación en el mercado. La confianza generada a través de los valores es duradera y sostenible, creando relaciones que respaldan y consolidan el éxito de la empresa a largo plazo.

Valores como el Pilar de un Éxito Sostenible

Los valores son la esencia que define y sostiene a una empresa a lo largo del tiempo. Aunque el entorno empresarial es cambiante y muchas estrategias pueden adaptarse o transformarse, los valores son el pilar firme que proporciona cohesión y propósito a cada acción, decisión y relación. Cuando una empresa opera desde una base sólida de valores, no solo construye una reputación respetable, sino que también asegura un éxito que trasciende los resultados financieros.

Los valores actúan como un ancla que mantiene a la empresa en el camino correcto, incluso en momentos de crisis o incertidumbre. Son la guía que permite tomar decisiones difíciles con confianza y coherencia, garantizando que cada paso que se da esté alineado con los principios éticos y la misión de la organización. Esta integridad se traduce en confianza y lealtad, tanto de los clientes como de los colaboradores y la comunidad, quienes ven en la empresa una entidad responsable y confiable.

Al reconocer que los valores son la base de un éxito sostenible, las empresas pueden priorizar su alineación y práctica en todas las áreas de operación. Desde el trato con los empleados hasta la relación con los clientes y el impacto en la sociedad, los valores ofrecen una guía clara que asegura que cada acción contribuya a un legado positivo. Este enfoque no solo fortalece la reputación de la empresa, sino que también crea un entorno donde el crecimiento y el propósito van de la mano.

En última instancia, los valores son el núcleo de un negocio auténtico y exitoso. Son los cimientos sobre los cuales se construye una relación de confianza con el mundo exterior, y son la clave para crear un impacto duradero. Para cualquier empresa que aspire a dejar una huella significativa, los valores son, sin duda, el recurso más valioso y el verdadero motor de su éxito.

ESQUEMA DEL CAPÍTULO 3

1. **Introducción: El Fracaso como Parte del Crecimiento**
   - Enfatizar cómo el fracaso es una experiencia inevitable en el mundo empresarial y cómo puede ser una herramienta poderosa para aprender y evolucionar.
   - Breves ejemplos de figuras empresariales que enfrentaron fracasos antes de alcanzar el éxito.

2. **Redefiniendo el Fracaso en los Negocios**
   - Discutir cómo el fracaso no significa el fin, sino una oportunidad de aprendizaje.
   - Cambiar la percepción del fracaso de una connotación negativa a una experiencia que impulsa el crecimiento y la resiliencia.

50'Ngeekqpgu'Gugpekcrgu's wg''gn'Htcecuq'P qu'Gpwg»c

   - **Adaptabilidad**: Aprender a cambiar y ajustarse a nuevas realidades.
   - **Resiliencia**: Desarrollar la capacidad de seguir adelante a pesar de los obstáculos.
   - **Autoconocimiento**: Identificar fortalezas y áreas de mejora personal y organizacional.

4. **Ejemplos de Empresas y Líderes que Aprendieron del Fracaso**
   - Ejemplos de empresas reconocidas o emprendedores exitosos que superaron fracasos significativos y lo convirtieron en un pilar de su éxito.

5. **Estrategias para Convertir el Fracaso en Éxito**
   - **Análisis de Errores**: Reflexionar y entender qué salió mal para evitar errores futuros.

- **Fomentar una Cultura de Aprendizaje**: Crear un ambiente en el que los errores sean vistos como oportunidades de mejora.

- **Persistencia y Acción Proactiva**: La importancia de mantenerse enfocado y tomar medidas para volver a intentarlo.

6. El Fracaso como Motor de Innovación y Crecimiento Sostenible

- Reflexión final sobre cómo el fracaso bien gestionado puede convertirse en la semilla de un éxito duradero.

Capítulo 3

EL FRACASO COMO PARTE DEL CRECIMIENTO

John D. Rockefeller:

"La buena reputación, como el oro, es un activo que no se gasta ni pierde con el tiempo.2

En el mundo de los negocios, el fracaso es una experiencia común, aunque a menudo temida. Sin embargo, lejos de ser un obstáculo insuperable, el fracaso puede ser una herramienta poderosa que impulsa el aprendizaje, la innovación y el crecimiento. Es a través de los errores, los tropiezos y los desafíos que muchas empresas y emprendedores encuentran las lecciones más valiosas para avanzar hacia el éxito.

Cada historia de éxito lleva consigo una serie de fracasos que la precedieron, pues el camino empresarial es cualquier cosa menos lineal. Nombres destacados en el ámbito empresarial, como **Steve Jobs** o **Oprah Winfrey**, enfrentaron múltiples fracasos antes de alcanzar el éxito que hoy conocemos. Sin embargo, estos líderes comprendieron que el fracaso no era un final, sino un paso necesario para afinar sus estrategias y fortalecer sus convicciones.

Este capítulo explorará la importancia de redefinir nuestra percepción del fracaso en los negocios. En lugar de verlo como un límite, podemos considerarlo como una oportunidad para crecer, adaptarnos y descubrir nuestras fortalezas ocultas. Aprender a superar el fracaso es, en realidad, aprender a construir un negocio resistente, capaz de evolucionar con cada desafío. A lo largo de estas páginas, descubriremos cómo el fracaso, cuando se aborda con resiliencia y mentalidad de aprendizaje, puede convertirse en uno de los mayores activos de una empresa.

Redefiniendo el Fracaso en los Negocios

El fracaso, en cualquier ámbito de la vida, suele tener una connotación negativa. A menudo se percibe como un obstáculo insuperable o como una señal de incompetencia. Sin embargo, en el mundo de los negocios, el fracaso tiene un significado diferente: es una experiencia inevitable y, a menudo, necesaria para el crecimiento y la evolución. Redefinir el fracaso es fundamental para liberar su verdadero potencial como una herramienta de aprendizaje y desarrollo.

En lugar de considerar el fracaso como una derrota, los empresarios pueden verlo como un paso más en el camino hacia el éxito. Cada error o tropiezo es una oportunidad para analizar lo que no funcionó y para ajustar las estrategias. En este sentido, el fracaso se convierte en un maestro invaluable, que nos muestra nuestras áreas de mejora, nos ayuda a identificar nuestras fortalezas y nos permite adaptarnos a nuevas circunstancias. Este cambio de mentalidad transforma los desafíos en puntos de partida, y no en finales.

Redefinir el fracaso también implica reconocer que el éxito no es un destino final, sino un proceso continuo. La capacidad de enfrentar, aceptar y aprender del fracaso es una habilidad fundamental para todo emprendedor que desea construir un negocio sólido y resiliente. La mayoría de las grandes innovaciones y avances empresariales han surgido de fracasos previos, ya que estos forzaron a los emprendedores a pensar de manera diferente y a explorar soluciones creativas.

Al ver el fracaso como un componente natural del crecimiento, las empresas y sus líderes pueden liberarse del miedo a equivocarse. En lugar de paralizarse por el miedo, pueden actuar con confianza, sabiendo que cada experiencia —incluso las negativas— aporta valor a largo plazo. Este enfoque permite que el fracaso deje de ser una barrera para convertirse en un catalizador de la resiliencia, la adaptabilidad y la perseverancia.

Lecciones Esenciales que el Fracaso Nos Enseña

El fracaso es una experiencia rica en lecciones que ayudan a los emprendedores y empresas a evolucionar. Lejos de ser un obstáculo, el fracaso proporciona aprendizajes profundos y habilidades que son esenciales para el éxito a largo plazo. A continuación, se presentan algunas de las lecciones más importantes que el fracaso puede ofrecer:

1. Adaptabilidad

El fracaso nos obliga a reconsiderar nuestras estrategias y a adaptarnos a nuevas circunstancias. La adaptabilidad es una habilidad crítica en el mundo empresarial, ya que los mercados, las necesidades de los clientes y las condiciones económicas están en constante cambio. Los empresarios que aprenden a adaptarse a partir de sus fracasos están mejor preparados para enfrentar desafíos futuros y para ajustar sus enfoques de manera ágil. Cada vez que un plan falla, nos brinda la oportunidad de explorar alternativas y de reinventarnos.

2. Resiliencia

Superar el fracaso fortalece la resiliencia, esa capacidad de perseverar y seguir adelante pese a las dificultades. La resiliencia es lo que permite a los empresarios mantenerse firmes ante la adversidad y no rendirse a la primera señal de problemas. Aprender a levantarse después de un tropiezo y a encontrar soluciones incluso en los momentos más difíciles es una habilidad invaluable que el fracaso nos enseña. Esta fortaleza no solo es útil en los negocios, sino en cualquier ámbito de la vida.

3. Autoconocimiento

El fracaso es un espejo que nos ayuda a vernos con claridad y a entender mejor nuestras fortalezas y debilidades. Cada error cometido revela aspectos de nuestras habilidades, conocimientos y decisiones que podrían ser mejorados. Este autoconocimiento es crucial para el crecimiento personal y profesional, ya que permite a los emprendedores enfocarse en las áreas donde pueden mejorar y en aquellas donde ya son fuertes. A través del fracaso, descubrimos quiénes somos realmente como líderes y cómo podemos seguir evolucionando.

Estas lecciones esenciales transforman el fracaso en un recurso valioso para los negocios. Cada vez que enfrentamos un desafío o un obstáculo, recordamos que el fracaso no es un final, sino un comienzo. La adaptabilidad, la resiliencia y el autoconocimiento que aprendemos en estos momentos difíciles son, en última instancia, las herramientas que nos llevarán hacia un éxito duradero.

Ejemplos de Empresas y Líderes que Aprendieron del Fracaso

A lo largo de la historia, muchas de las empresas y líderes más exitosos han experimentado fracasos significativos antes de alcanzar el éxito. Estos fracasos no solo los ayudaron a mejorar sus productos o servicios, sino que también forjaron en ellos una fortaleza y determinación inquebrantables. Estos ejemplos demuestran que el fracaso no es un final, sino un paso necesario en el camino hacia el éxito.

1. Steve Jobs y Apple

En 1985, Steve Jobs fue despedido de Apple, la empresa que él mismo había fundado. Este hecho fue un duro golpe para él, pero en lugar de rendirse, decidió crear una nueva empresa llamada NeXT y adquirió una pequeña compañía de animación que se convertiría en Pixar. Ambas experiencias le permitieron mejorar sus habilidades de liderazgo y ampliar su visión empresarial. Años después, Apple compró NeXT y Jobs regresó a la empresa, liderando una transformación que la llevó a ser una de las compañías más exitosas e innovadoras del mundo. El fracaso de Jobs fue el impulso que le permitió regresar más fuerte y con una visión renovada.

2. Walt Disney y su Primer Estudio de Animación

Antes de crear el imperio de entretenimiento que conocemos hoy, Walt Disney tuvo varios fracasos financieros. Uno de sus primeros estudios de animación, Laugh-O-Gram Studios, quebró, dejándolo sin dinero. Sin embargo, Disney no dejó que el fracaso lo detuviera. Con el tiempo, fundó The Walt Disney Company, y a partir de sus lecciones pasadas, desarrolló un estilo de animación único y construyó una de las empresas de entretenimiento más grandes del mundo. Su capacidad para sobreponerse al fracaso y su dedicación a su visión hicieron que su legado se mantuviera por generaciones.

3. Colonel Sanders y KFC

La historia de Harland Sanders, conocido como el "Coronel Sanders," es un ejemplo de perseverancia frente al rechazo. A los 65 años, tras fracasar en varios negocios y perder la mayoría de sus ahorros, Sanders comenzó a viajar por Estados Unidos ofreciendo su receta de pollo frito a restaurantes. Fue rechazado cientos de veces, pero su persistencia finalmente dio frutos cuando una pequeña cadena aceptó su receta. Así nació Kentucky Fried Chicken (KFC), que hoy en día es una de las franquicias de comida rápida más reconocidas del mundo. Sanders demostró que nunca es tarde para alcanzar el éxito y que cada rechazo es solo una oportunidad más para intentarlo de nuevo.

Estos líderes y empresas lograron grandes cosas no a pesar de sus fracasos, sino gracias a ellos. Cada experiencia negativa les enseñó algo valioso que les permitió crecer, mejorar y, en última instancia, alcanzar el éxito. Estos ejemplos nos recuerdan que el fracaso es una parte natural del proceso empresarial y que cada caída puede ser un impulso para alcanzar nuevas alturas.

Estrategias para Convertir el Fracaso en Éxito

El fracaso, cuando se aborda con una mentalidad adecuada, puede transformarse en un motor de innovación y éxito. Existen varias estrategias que los emprendedores y líderes pueden emplear para aprovechar los fracasos, aprender de ellos y convertirlos en experiencias que fortalezcan su negocio. Estas son algunas de las estrategias más efectivas:

1. Análisis de Errores

Después de un fracaso, es fundamental dedicar tiempo a analizar qué salió mal. Esta reflexión permite identificar las decisiones, acciones o circunstancias que contribuyeron al resultado no deseado. Al analizar los errores de forma honesta y objetiva, se pueden extraer lecciones valiosas que ayudan a evitar cometer los mismos errores en el futuro. Esta práctica no solo fortalece la toma de decisiones, sino que también mejora la capacidad de resolución de problemas.

2. Fomentar una Cultura de Aprendizaje

En un entorno empresarial, los errores son inevitables. Sin embargo, las empresas pueden crear una cultura donde el fracaso no sea visto como algo negativo, sino como una oportunidad de aprendizaje. Fomentar esta mentalidad permite que los empleados se sientan seguros al tomar riesgos calculados y al explorar nuevas ideas sin temor al castigo. En lugar de penalizar los errores, una cultura de aprendizaje invita a los equipos a compartir sus experiencias y extraer lecciones, lo que a largo plazo fortalece la innovación y la creatividad.

3. Persistencia y Acción Proactiva

Superar el fracaso requiere una dosis de perseverancia y un enfoque proactivo. Esto significa que, en lugar de dejarse llevar por la desmotivación, los emprendedores deben mantenerse enfocados en sus objetivos y en encontrar soluciones para continuar avanzando. La persistencia es clave para aquellos que desean alcanzar el éxito a pesar de los contratiempos. Además, tomar acción proactiva —ya sea ajustando la estrategia, capacitando al equipo o rediseñando un producto— ayuda a convertir el fracaso en una oportunidad de mejora constante.

4. Establecer Metas Realistas y Flexibles

Una de las lecciones más importantes del fracaso es aprender a establecer metas alcanzables y adaptables. Los objetivos demasiado ambiciosos pueden llevar a frustraciones si no se logran en el plazo previsto. Al establecer metas realistas y mantenerse flexibles ante los cambios, los empresarios pueden ajustar su rumbo según sea necesario. Esta flexibilidad ayuda a mitigar el impacto de los fracasos y a ver cada paso como parte de un proceso de mejora.

5. Buscar Apoyo y Mentoría

Otra estrategia efectiva es buscar apoyo y guía de personas con experiencia. Los mentores o colegas que han pasado por situaciones similares pueden ofrecer una perspectiva objetiva y consejos valiosos sobre cómo superar los obstáculos. Aprender de la experiencia de otros no solo brinda apoyo emocional, sino que también permite descubrir enfoques prácticos y estrategias que pueden ayudar a superar el fracaso y avanzar con mayor claridad.

Implementar estas estrategias permite que los emprendedores y empresas transformen los fracasos en puntos de aprendizaje y progreso. Al adoptar una mentalidad de mejora continua y tomar acción en lugar de dejarse vencer por los errores, cada fracaso se convierte en una oportunidad para crecer, innovar y, inalmente, alcanzar el éxito.

El Fracaso como Motor de Innovación y Crecimiento Sostenible

El fracaso es una experiencia inevitable en el camino hacia el éxito, y aprender a abordarlo de manera positiva puede ser uno de los mayores activos para cualquier emprendedor o empresa. Lejos de ser un obstáculo, el fracaso puede actuar como un catalizador de innovación, impulsando a las empresas a replantearse sus estrategias, desarrollar nuevas ideas y encontrar soluciones más creativas y efectivas.

Las lecciones que surgen del fracaso son valiosas porque obligan a los empresarios a examinar sus métodos, replantear sus metas y descubrir enfoques que quizá nunca habrían considerado. Esta capacidad de adaptación y reinvención es lo que permite que las empresas no solo sobrevivan, sino que prosperen a largo plazo. La resiliencia, el aprendizaje continuo y la capacidad de transformar los errores en oportunidades de mejora son habilidades fundamentales para alcanzar un crecimiento sostenible.

Para aquellos que ven el fracaso como una oportunidad, cada tropiezo se convierte en una fuente de fortaleza y conocimiento. A través del análisis, la persistencia y una cultura de aprendizaje, el fracaso se transforma en un motor de crecimiento continuo y en una base sólida para innovar y avanzar. En última instancia, el éxito duradero no se trata de evitar los errores, sino de aprender a aprovecharlos para construir un futuro más sólido y resiliente.

El fracaso, cuando se enfrenta con la mentalidad adecuada, deja de ser una barrera para convertirse en el impulso que nos permite llegar más lejos. Es una experiencia que, aunque dolorosa en ocasiones, es también una de las fuentes más poderosas de aprendizaje y desarrollo en el mundo empresarial. Al final, son las caídas y los desafíos los que moldean a los líderes y a las empresas, preparándolos para enfrentar con confianza y creatividad el camino hacia el éxito.

ESQUEMA DEL CAPÍTULO 4

1. Introducción a la Reputación Duradera

- Define la importancia de una reputación sólida para el éxito sostenido de cualquier negocio.

- Explica por qué una buena reputación no se construye de la noche a la mañana y cómo puede influir en las decisiones de los clientes y colaboradores.

2. Las Tres R de los Negocios

- **Responsabilidad**: Cómo asumir la responsabilidad en cada aspecto del negocio fortalece la credibilidad.

- **Relaciones**: La importancia de cultivar relaciones de valor con clientes, empleados y socios comerciales.

- **Reputación**: Cómo una buena reputación se convierte en el activo más valioso y sostenible de una empresa.

3. Estrategias para Construir Responsabilidad

- Ejemplos de prácticas responsables en la gestión de operaciones, como la transparencia y el cumplimiento de promesas.

- El papel de la responsabilidad en la gestión de crisis y cómo esta refuerza la confianza en la marca.

4. Fortaleciendo Relaciones Empresariales

- Consejos prácticos para construir y mantener relaciones positivas en el entorno empresarial.

- Ejemplos de empresas que prosperaron al priorizar relaciones auténticas y cómo esta estrategia ha impactado su reputación.

5. La Reputación como Resultado de un Proceso Consistente

- Explicación de cómo la responsabilidad y las relaciones contribuyen continuamente a una reputación fuerte.
- Discusión de casos en los que una empresa perdió reputación por descuidar estos valores y cómo otras supieron aprovecharlos.

6. La Reputación como Pilar de un Negocio Exitoso

- Resalta cómo cada "R" fortalece los cimientos del negocio y asegura su sostenibilidad a largo plazo.
- Enfatiza que construir una reputación duradera requiere compromiso y coherencia en todos los aspectos de la empresa.

Capítulo 4

CONSTRUYENDO UNA REPUTACIÓN DURADERA

Benjamin Franklin:

"Toma muchas buenas acciones construir una buena reputación, y solo una mala para perderla."

En el mundo de los negocios, la reputación es mucho más que una simple imagen pública; es el reflejo de los valores y principios que guían cada aspecto de una organización. Una reputación sólida y duradera se convierte en un activo invaluable que influye profundamente en la percepción que tienen los clientes, los empleados y la comunidad en general. No se trata de un logro instantáneo, sino del resultado de años de esfuerzo, consistencia y compromiso con los principios fundamentales del negocio.

A lo largo de este capítulo, exploraremos las **Tres R de los Negocios**: *Responsabilidad, Relaciones y Reputación.* Estos tres pilares son elementos cruciales para construir una reputación que perdure en el tiempo. Cada uno de ellos contribuye de forma única y complementaria al éxito empresarial a largo plazo, creando una base sólida para navegar tanto los momentos de crecimiento como los desafíos inevitables.

Al final de este capítulo, comprenderás cómo la responsabilidad en cada acción, el valor de las relaciones genuinas y la construcción de una reputación sólida pueden convertirse en los pilares fundamentales para el crecimiento sostenible y el respeto en el mercado. La reputación duradera no es un accidente, sino el resultado de decisiones conscientes y valores coherentes. Prepárate para descubrir cómo integrar estas prácticas en tu negocio y, con el tiempo, cosechar los beneficios de una reputación que inspire confianza y fidelidad en tus clientes y colaboradores.

Responsabilidad

La responsabilidad empresarial es la base sobre la cual se construye una reputación sólida y confiable. Ser responsable implica asumir el impacto de cada decisión y actuar de manera ética y transparente en todas las áreas del negocio. La responsabilidad abarca desde la honestidad en las promesas al cliente hasta el compromiso con el bienestar de los empleados y la sostenibilidad ambiental. Al demostrar responsabilidad, una empresa no solo se asegura de ganar la confianza de sus clientes, sino que también establece una cultura de integridad que influye positivamente en todos los niveles de la organización.

1. Tipos de Responsabilidad en los Negocios

- **Responsabilidad Social**: Implica tomar acciones que demuestren el compromiso de la empresa con el bienestar de la sociedad y el medio ambiente. Los consumidores valoran cada vez más a las empresas que se preocupan por causas sociales y aplican prácticas sostenibles.

- **Responsabilidad Interna**: La responsabilidad también se refleja dentro de la empresa, en la forma en que trata a sus empleados, fomenta un ambiente de trabajo seguro y promueve el desarrollo personal y profesional.

- **Responsabilidad con el Cliente**: Cumplir las promesas hechas al cliente, ser transparente en las prácticas y resolver los problemas de manera justa y rápida muestra el respeto y la seriedad con que la empresa maneja sus relaciones comerciales.

2. Estrategias para Implementar la Responsabilidad

- **Establece Políticas Claras y Transparentes**: Define y comunica políticas claras sobre la calidad del servicio, las garantías y los compromisos, de modo que los clientes tengan una comprensión clara de qué esperar.

- **Invierte en Formación y Bienestar del Equipo**: Los empleados son los principales embajadores de la responsabilidad de una empresa. Al invertir en su capacitación y bienestar, la empresa asegura que todos compartan el compromiso de actuar con integridad.

- **Comunica y Actúa con Transparencia en Crisis**: Las crisis son momentos clave en los que la responsabilidad empresarial se pone a prueba. La respuesta rápida y la transparencia ante problemas muestran que la empresa prioriza la honestidad, lo cual refuerza la confianza.

3. Ejemplo Inspirador

Un ejemplo de responsabilidad empresarial es el caso de Johnson & Johnson y su respuesta al escándalo del Tylenol en la década de 1980. Ante una crisis de salud pública, la empresa retiró del mercado millones de envases, priorizando la seguridad de los consumidores sobre las pérdidas económicas. Esta decisión no solo salvó la vida de muchos, sino que también fortaleció la reputación de la empresa y demostró que la responsabilidad es un activo que siempre brinda frutos a largo plazo.

Relaciones

Las relaciones sólidas y genuinas son el núcleo de cualquier negocio exitoso y de una reputación positiva. En el ámbito empresarial, las relaciones duraderas con clientes, empleados y socios crean una red de apoyo y estabilidad que impulsa el crecimiento y la lealtad. Establecer y nutrir estas relaciones requiere empatía, comunicación abierta y un compromiso sincero con el bienestar de los demás.

1. Tipos de Relaciones en el Entorno Empresarial

- **Relación con los Clientes:** La relación con los clientes va más allá de una simple transacción. Se trata de entender sus necesidades y expectativas para ofrecer un servicio que supere sus expectativas. La lealtad del cliente es el resultado de una experiencia positiva y de un vínculo de confianza.

- **Relación con los Empleados:** La reputación interna de una empresa es tan importante como la externa. Un ambiente de trabajo positivo, en el que los empleados se sientan valorados y respetados, fomenta un equipo motivado y comprometido que proyectará esa satisfacción hacia los clientes.

- **Relación con Socios y Proveedores:** La colaboración transparente y el respeto mutuo con los socios y proveedores fortalecen la cadena de valor. Al tratar a los socios con integridad y profesionalismo, la empresa demuestra su compromiso con relaciones de beneficio mutuo.

2. Estrategias para Fortalecer Relaciones

- **Fomenta la Comunicación Abierta y Honesta:** La comunicación es clave para cualquier relación sólida. Ya sea con clientes, empleados o socios, mantener canales abiertos y resolver dudas o problemas rápidamente fortalece la confianza.

- **Invierta en el Bienestar y Desarrollo de los Empleados:** La relación con los empleados se construye día a día. Invertir en su capacitación, en su bienestar físico y emocional y en su desarrollo profesional no solo les brinda estabilidad, sino que los convierte en embajadores de la reputación de la empresa.

- **Demuestra Empatía y Flexibilidad con los Clientes:** Mostrar una actitud de comprensión y flexibilidad ante las necesidades y problemas de los clientes ayuda a crear una relación de confianza y lealtad.

3. Ejemplo Inspirador

Starbucks es un ejemplo de cómo una empresa puede construir relaciones sólidas con sus empleados y clientes. La empresa ha implementado programas de beneficios integrales para sus empleados, fomentando un sentido de pertenencia y satisfacción que se refleja en el servicio al cliente. Este enfoque ha contribuido a una reputación positiva tanto a nivel interno como externo, convirtiéndose en una de las marcas más reconocidas y apreciadas a nivel mundial.

Reputación como Resultado de Consistencia

La reputación es el reflejo del esfuerzo constante en responsabilidad y en las relaciones sólidas. Más allá de una simple imagen, la reputación representa los valores internos de una empresa y cómo estos se traducen en cada acción y decisión. Una buena reputación no es producto de un solo evento positivo, sino el resultado de una trayectoria de consistencia y compromiso.

1. Construir y Proteger la Reputación

- **La Reputación como Activo de Valor**: Una reputación sólida se convierte en un activo intangible que añade valor a la marca. Cuando una empresa es conocida por su integridad y compromiso, atrae naturalmente a clientes leales, colaboradores y socios dispuestos a invertir en relaciones a largo plazo.

- **El Ciclo de Retroalimentación Positiva**: Una reputación positiva genera nuevas oportunidades, atrae talento y fomenta la confianza en el mercado. Este ciclo positivo refuerza la imagen de la empresa y abre puertas para continuar fortaleciendo la responsabilidad y las relaciones.

2. Riesgos de Descuidar la Reputación

- **Ejemplos de Pérdida de Reputación**: Muchas empresas han sufrido pérdidas significativas al descuidar sus valores o fallar en su responsabilidad. Escándalos de corrupción, fallos en productos o problemas internos han mostrado que una sola falla puede afectar irreversiblemente la percepción pública.

- **Consejos para Gestionar las Críticas y los Errores Públicos:**
    - **Aceptar la Responsabilidad**: La aceptación inmediata de un error y la comunicación clara son fundamentales para mostrar transparencia y compromiso.
    - **Aprender de los Errores**: Cada crisis es una oportunidad de aprendizaje. La capacidad de implementar cambios y mostrar una voluntad de mejora fortalece la confianza y minimiza el impacto negativo.
    - **Escuchar a la Comunidad**: La retroalimentación externa es valiosa para entender cómo la empresa es percibida y qué áreas pueden mejorar para proteger su reputación.

3. Estrategias para Mantener una Reputación Saludable

- **Implementar Controles de Calidad y Satisfacción**: Realizar evaluaciones regulares de satisfacción del cliente y calidad en el servicio ayuda a detectar y corregir problemas antes de que afecten la reputación.
- **Actuar Proactivamente ante Situaciones Críticas**: Responder de manera rápida y transparente en momentos de crisis refuerza la confianza y muestra un compromiso genuino con la responsabilidad y la ética.
- **Fomentar una Cultura Interna Consistente**: La reputación externa refleja la cultura interna. Fomentar una cultura de integridad y compromiso dentro de la empresa ayuda a alinear a todos los empleados en torno a los valores fundamentales y fortalece la coherencia en cada acción.

Ejemplo Inspirador

Toyota, después de varios retiros de autos en la última década, ha mostrado un enfoque ejemplar en cómo gestionar su reputación. Al enfrentar las fallas en sus vehículos, la empresa asumió su responsabilidad, retiró millones de autos y trabajó para mejorar sus sistemas de control de calidad. Con una comunicación abierta y una acción rápida, Toyota logró restaurar la confianza y proteger su reputación, demostrando que la consistencia y el compromiso con los valores fundamentales son claves para preservar la confianza a largo plazo.

Construyendo una Reputación Duradera

A lo largo de este capítulo, hemos explorado cómo una reputación duradera se construye sobre la base de la responsabilidad, las relaciones y la reputacion. Estos tres pilares, las **Tres R de los Negocios**, actúan en conjunto para fortalecer la imagen de una empresa y asegurar su sostenibilidad en el tiempo. La responsabilidad demuestra compromiso con la integridad, las relaciones crean conexiones de valor y la reputación se convierte en el reflejo de estos valores aplicados día a día.

Una reputación sólida no solo atrae a clientes y socios, sino que también establece la base de confianza necesaria para enfrentar desafíos y aprovechar oportunidades. Es un activo que no se puede comprar; se gana con acciones coherentes y un compromiso constante con la ética y los principios.

Recuerda que construir una reputación duradera es un proceso que requiere tiempo, esfuerzo y coherencia. Cada decisión que tomes, cada relación que construyas y cada muestra de responsabilidad contribuirá a la imagen que proyecta tu negocio. La reputación es el reflejo de quién eres como empresa, y cuidarla es la clave para un éxito genuino y perdurable.

Mensaje Final

Construir una reputación duradera es como sembrar las semillas de un legado que trascenderá tu tiempo y espacio en el mundo de los negocios. Cada acción, cada palabra y cada decisión son hilos que tejen la imagen de tu empresa, y esa imagen es el regalo que dejarás a tus clientes, empleados y a la comunidad. La reputación no es solo un reflejo del presente, sino una promesa de integridad y compromiso para el futuro.

Recuerda que no se trata de perfección, sino de consistencia en tus valores. Que cada día en tu negocio refleje el compromiso de hacer lo correcto, de construir relaciones genuinas y de asumir siempre la responsabilidad de tus actos. Así, paso a paso, construirás una reputación que inspirará confianza y respeto, y que será el cimiento sobre el cual se elevará tu éxito.

ESQUEMA DEL CAPÍTULO 5

1. Introducción a la Integridad y la Confianza en los Negocios

- Explica la relación entre integridad, confianza y éxito sostenible.
- Define cómo la integridad actúa como base de la reputación y cómo la confianza es el resultado de una ética empresarial coherente.

2. El Papel de la Integridad en el Liderazgo Empresarial

- **Integridad como Pilar del Liderazgo**: Cómo los líderes establecen el estándar de integridad en la empresa.
- **Impacto de la Integridad en la Cultura Corporativa**: Cómo la integridad se transmite a todos los niveles y crea una cultura basada en valores éticos.
- Ejemplo de líderes conocidos por su integridad (ej., Howard Schultz de Starbucks, quien priorizó el bienestar de los empleados).

3. La Confianza como Activo Clave para el Negocio

- **Confianza del Cliente**: Explica cómo la confianza genera lealtad en los clientes y aumenta las oportunidades de negocios repetidos.
- **Confianza en los Equipos Internos**: Cómo la confianza entre colegas y empleados impulsa un ambiente de trabajo positivo, motivado y productivo.
- Ejemplo de empresas que han ganado la confianza del público gracias a prácticas transparentes (ej., Patagonia y su compromiso con la sostenibilidad).

4. Estrategias para Fomentar la Integridad y Construir Confianza

- **Cumplir Promesas y Ser Coherente**: La importancia de cumplir siempre los compromisos para construir una base de confianza sólida.

- **Promover la Transparencia y la Comunicación Abierta**: Cómo una comunicación clara y honesta refuerza la confianza tanto en clientes como en empleados.
- **Manejar los Errores con Honestidad**: Estrategias para abordar los errores y mantener la confianza incluso en momentos difíciles.

5. Beneficios de una Cultura de Integridad y Confianza en la Empresa

- Discute los beneficios a largo plazo, como la fidelidad del cliente, la retención de talento y la resiliencia ante crisis.
- Cómo la confianza y la integridad crean una reputación sólida que puede diferenciar a la empresa en un mercado competitivo.

6. La Integridad y la Confianza como Fundamentos para el Éxito Sostenible

- Reflexión final sobre cómo la integridad y la confianza son esenciales para un crecimiento empresarial auténtico y perdurable.
- Motivación al lector para que incorpore estos valores en su vida profesional y empresarial, enfatizando que la integridad y la confianza son el mayor capital de una empresa.

Capítulo 5

LA IMPORTANCIA DE LA INTEGRIDAD Y LA CONFIANZA

Stephen Covey:

"La confianza es el pegamento de la vida. Es el ingrediente más esencial en una comunicación efectiva. Es el principio fundamental que sostiene todas las relaciones."

En el mundo empresarial, la integridad y la confianza no son solo valores ideales, sino cimientos que sostienen el éxito y la sostenibilidad de un negocio. Estos principios actúan como guías invisibles que dirigen las decisiones y acciones de una empresa, moldeando no solo su reputación, sino también la percepción que tienen de ella sus clientes, empleados y socios.

La integridad en los negocios es la práctica de hacer lo correcto, incluso cuando nadie está observando. No se trata de una perfección inalcanzable, sino de un compromiso firme con la transparencia y la coherencia en cada acción. La confianza, por otro lado, es el resultado directo de una conducta íntegra; es el regalo que los demás otorgan a una empresa que demuestra su credibilidad día a día.

A lo largo de este capítulo, exploraremos cómo la integridad actúa como un pilar del liderazgo y cómo la confianza se convierte en un activo valioso, tanto dentro como fuera de la organización. Veremos estrategias prácticas para construir estos valores y ejemplos inspiradores de empresas que han elevado su éxito mediante la lealtad y el respeto de sus clientes y colaboradores. Al final de esta sección, comprenderás cómo la integridad y la confianza pueden ser el mayor capital de tu negocio y el camino hacia un crecimiento auténtico y perdurable.

El Papel de la Integridad en el Liderazgo Empresarial

La integridad es un valor que define la verdadera esencia de un líder. En el ámbito empresarial, la integridad no solo impacta las decisiones diarias, sino que también establece el tono ético y cultural para toda la organización. Cuando un líder demuestra integridad, envía un mensaje claro a todos los niveles de la empresa sobre la importancia de actuar de acuerdo con principios sólidos y coherentes, lo cual construye una base de confianza y respeto en el equipo.

1. Integridad como Pilar del Liderazgo

- **Definición de Integridad en el Liderazgo**: La integridad en un líder implica actuar siempre de manera ética, honesta y con una profunda coherencia entre lo que dice y lo que hace.
- **Ejemplo de Impacto en la Cultura Corporativa**: Un líder que actúa con integridad establece un ejemplo que motiva a los empleados a seguir sus pasos. Este compromiso genera un efecto positivo en la cultura de la empresa, transformándola en un lugar de respeto mutuo y responsabilidad.
- **Inspiración a través del Ejemplo**: Los empleados observan y emulan la conducta del liderazgo. La integridad del líder es la chispa que enciende una cadena de comportamientos éticos a lo largo de toda la organización.

2. Integridad como Fundamento para Decisiones Éticas

- **Tomar Decisiones Basadas en Valores**: Las decisiones éticas, fundamentadas en principios claros, fortalecen la reputación de la empresa. La integridad ayuda a mantener el enfoque en lo correcto, incluso si resulta en decisiones difíciles o menos rentables a corto plazo.
- **Coherencia entre Palabras y Acciones**: La coherencia en cada nivel de la organización genera credibilidad. Un líder que mantiene la coherencia entre sus palabras y sus acciones asegura que los empleados y colaboradores perciban su autenticidad, lo cual fortalece la lealtad interna.

3. Ejemplo Inspirador: Howard Schultz y Starbucks

- **Caso de Estudio**: Howard Schultz, fundador de Starbucks, es conocido por su compromiso con el bienestar de sus empleados, a quienes se refiere como "socios" en lugar de empleados. Desde beneficios de salud hasta opciones de educación, Schultz implementó políticas que mostraban integridad en el trato a su equipo.
- **Lección Aprendida**: El compromiso de Schultz con el bienestar de sus empleados fortaleció la lealtad interna y mejoró la experiencia del cliente. Starbucks se consolidó como una marca reconocida no solo por su producto, sino también por sus valores, demostrando que la integridad en el liderazgo puede ser una ventaja competitiva.

La Confianza como Activo Clave para el Negocio

La confianza es uno de los activos más valiosos en cualquier negocio. Es el resultado de la consistencia y la integridad y se manifiesta en la lealtad de los clientes, en la cohesión del equipo y en la percepción positiva que el mercado tiene de la empresa. Ganarse la confianza de quienes interactúan con la empresa no solo facilita las relaciones comerciales, sino que también convierte a la empresa en un referente en su sector.

1. Confianza del Cliente

   - **Confianza como Base de la Lealtad**: Cuando una empresa cumple sus promesas y entrega productos o servicios de calidad constante, los clientes desarrollan una conexión de lealtad. Saben que pueden confiar en la marca, lo que los impulsa a regresar y recomendarla.

   - **Transparencia y Claridad**: Ser transparente con los clientes en cuanto a precios, políticas y expectativas fomenta una relación de confianza. La comunicación abierta, especialmente en momentos de dificultad, fortalece la percepción positiva de la empresa.

   - **Ejemplo de Confianza del Cliente**: Patagonia, conocida por su compromiso con el medio ambiente, ha ganado la confianza del público debido a su transparencia en prácticas de sostenibilidad y ética empresarial. Esta confianza ha llevado a la marca a convertirse en un líder en su industria.

2. Confianza en los Equipos Internos

   - **Confianza como Elemento Fundamental del Trabajo en Equipo**: La confianza entre los miembros del equipo crea un entorno en el que los empleados se sienten cómodos colaborando, compartiendo ideas y resolviendo problemas juntos.

   - **Empoderamiento de los Empleados**: Cuando los líderes confían en sus empleados y les otorgan autonomía, los empleados sienten una mayor responsabilidad por el éxito de la empresa y están más motivados para alcanzar objetivos.

   - **Impacto en la Productividad y el Clima Laboral**: Los equipos con altos niveles de confianza tienden a ser más eficientes, innovadores y resilientes. Esto no solo impulsa la productividad, sino que también contribuye a un ambiente laboral positivo y a una baja rotación de personal.

3. Ejemplo Inspirador: Confianza y Autonomía en Zappos

- **Caso de Estudio**: Zappos, la empresa de ventas online, es famosa por su cultura de confianza y empoderamiento. Los empleados de atención al cliente tienen la autonomía de tomar decisiones que beneficien al cliente sin tener que pedir aprobación, lo que genera una experiencia de cliente excepcional.

- **Lección Aprendida**: Al confiar en sus empleados para tomar decisiones, Zappos ha creado una cultura donde los clientes sienten que cada interacción es auténtica y personalizada. Esto ha solidificado su reputación y su posición en el mercado como una empresa centrada en el cliente.

Estrategias para Fomentar la Integridad y Construir Confianza

Fomentar la integridad y construir confianza dentro de una empresa requiere compromiso y acciones consistentes. Estos valores son esenciales para crear un entorno donde clientes, empleados y socios sientan que la organización es un lugar seguro, ético y confiable. Implementar estrategias efectivas permite a la empresa consolidar su reputación y cultivar relaciones duraderas.

1. Cumplir Promesas y Ser Coherente

- **Cumplir con los Compromisos**: Cada promesa o compromiso que hace la empresa se convierte en una prueba de su integridad. Cumplir con los tiempos de entrega, garantizar la calidad de los productos o servicios y mantener la palabra en todas las interacciones refuerza la confianza de clientes y colaboradores.

- **Coherencia en Palabras y Acciones**: La coherencia genera credibilidad. Cuando una empresa actúa de acuerdo con sus valores y con lo que comunica, los clientes y empleados perciben autenticidad, lo que fortalece su relación con la empresa.

2. Promover la Transparencia y la Comunicación Abierta

- **Transparencia en la Comunicación**: Informar a los clientes sobre cambios en políticas, precios o productos de forma abierta y proactiva muestra respeto y fortalece la confianza.

- **Canales de Retroalimentación**: Crear vías de comunicación en las que los clientes y empleados puedan expresar sus opiniones y sugerencias fomenta un ambiente de confianza y mejora continua. Además, al actuar sobre la retroalimentación, la empresa demuestra que valora y respeta las perspectivas de su comunidad.

- **Ejemplo Inspirador**: La empresa Whole Foods es conocida por su transparencia en la cadena de suministro y sus prácticas de sostenibilidad. Al proporcionar información clara sobre el origen y los valores detrás de sus productos, Whole Foods ha construido una base sólida de confianza con sus clientes.

3. Manejar los Errores con Honestidad

- **Aceptar los Errores y Asumir la Responsabilidad**: Cuando se comete un error, es crucial que la empresa lo reconozca rápidamente y tome medidas para resolverlo. Esta honestidad, incluso en momentos difíciles, muestra compromiso con la integridad y refuerza la confianza.

- **Comunicación Clara en Momentos de Crisis**: Informar de manera transparente sobre las causas del error y las acciones correctivas genera comprensión en lugar de desconfianza.

- **Aprendizaje y Mejora Continua**: Cada error es una oportunidad para mejorar. Las empresas que aprenden de sus fallos y optimizan sus procesos fortalecen su imagen y demuestran que están comprometidas con el crecimiento responsable.

La Importancia de la Integridad y la Confianza

La integridad y la confianza son los pilares sobre los cuales se construye una empresa sólida y duradera. No se trata solo de cumplir con normas o de generar una buena imagen, sino de actuar con autenticidad, ética y respeto en cada interacción y decisión. La integridad guía el camino, mientras que la confianza se convierte en el resultado de una trayectoria coherente y transparente.

Este capítulo ha mostrado cómo la integridad es esencial para el liderazgo y cómo la confianza es un activo invaluable que se extiende tanto dentro de la empresa como en su relación con clientes y socios. A través de estrategias concretas, hemos visto cómo estos valores, cuando son cultivados conscientemente, fortalecen no solo la reputación de una organización, sino también su capacidad de crecimiento y resiliencia en un entorno competitivo.

La confianza y la integridad no son principios que puedan improvisarse; son el resultado de un compromiso profundo y de acciones constantes que hablan por sí solas. Al aplicar estos valores, tu empresa se convierte en un lugar donde clientes y empleados encuentran seguridad, respeto y un verdadero sentido de propósito. Recuerda siempre que, en el mundo empresarial, pocas cosas son tan valiosas como la confianza ganada y la integridad demostrada.

Mensaje final

La integridad y la confianza no son simplemente principios; son los cimientos invisibles de un negocio que aspira a ser grande y duradero. Cada acción y cada palabra dejan una huella, y es en esa huella donde los clientes, empleados y colaboradores encuentran las verdaderas intenciones de una empresa. La confianza no se exige, se inspira; y la integridad no se proclama, se demuestra.

Que cada decisión que tomes sea un reflejo de los valores que deseas ver en el mundo. La integridad y la confianza son los mayores activos que puedes ofrecer, no solo para el éxito inmediato, sino para dejar un legado que inspire y perdure.

ESQUEMA DEL CAPÍTULO 6

1. **Introducción a la Importancia del Networking en los Negocios**
   - Explica el papel fundamental de las redes de contactos y alianzas estratégicas en el crecimiento y la expansión de un negocio.
   - Cómo el networking puede abrir oportunidades y fortalecer la reputación empresarial.

2. **Construcción de una Red de Contactos Efectiva**
   - **Identificar Contactos Clave**: Cómo identificar y acercarse a personas que pueden agregar valor a tu negocio.
   - **Cultivar Relaciones Sostenibles**: La importancia de la consistencia, el seguimiento y la reciprocidad en las relaciones profesionales.
   - Ejemplos de networking exitoso en diferentes sectores.

3. **Alianzas Estratégicas: Multiplicando el Valor**
   - **Tipos de Alianzas Estratégicas**: Alianzas comerciales, colaboraciones en proyectos, acuerdos de distribución y otras formas de asociación.
   - **Beneficios de las Alianzas Estratégicas**: Cómo las alianzas pueden ayudar a expandir el mercado, compartir conocimientos y recursos, y aumentar la visibilidad.
   - Ejemplo de empresas que han aprovechado alianzas estratégicas para ampliar su impacto.

4. **Estrategias para Hacer Networking y Establecer Alianzas Sólidas**
   - **Preparación y Objetivos Claros**: La importancia de definir qué quieres lograr y prepararte antes de establecer contactos o alianzas.

- **Aportar Valor y Ser Proactivo**: Consejos sobre cómo ser un recurso valioso para tus contactos y cómo proponer ideas de colaboración efectivas.

- **Mantener y Fortalecer las Conexiones**: Estrategias de seguimiento y fortalecimiento de relaciones para que las alianzas crezcan con el tiempo.

5. Beneficios a Largo Plazo del Networking y las Alianzas

- Discute los beneficios acumulativos de construir una red sólida y de establecer asociaciones estratégicas, desde la expansión de oportunidades hasta el soporte en momentos críticos.

- Cómo una red fuerte puede impulsar la reputación y el crecimiento sostenible de la empresa.

6. Networking y Alianzas como Catalizadores del Éxito

- Reflexión final sobre cómo las relaciones auténticas y las alianzas estratégicas amplían la capacidad de un negocio para crecer y prosperar en el tiempo.

- Motivación para invertir en networking con una visión de largo plazo.

Capítulo 6

REDES DE CONTACTOS Y ALIANZAS ESTRATÉGICAS

Harvey Mackay

"En los negocios, tan importante como lo que sabes es a quién conoces."

En el entorno empresarial, el éxito no se construye en soledad. Las redes de contactos y las alianzas estratégicas son elementos clave para expandir las oportunidades, aprender de otros y fortalecer la posición de un negocio en el mercado. Establecer conexiones valiosas y duraderas permite a los emprendedores no solo acceder a nuevas oportunidades, sino también construir una reputación sólida y confiable dentro de su industria.

El networking no es simplemente un acto de intercambio de tarjetas o de acumular contactos, sino una habilidad esencial que involucra establecer relaciones auténticas, basadas en la reciprocidad y el respeto mutuo. A través de este capítulo, exploraremos cómo crear una red de contactos efectiva, identificar alianzas estratégicas que amplifiquen el valor del negocio y cultivar estas relaciones de manera que contribuyan a un crecimiento sostenible y a la resiliencia en tiempos de cambio.

A medida que profundices en este tema, descubrirás que cada relación, cuando es genuina y basada en un beneficio mutuo, tiene el potencial de ser una herramienta poderosa para el éxito. Este capítulo te dará las herramientas necesarias para construir un círculo de aliados que respalden tu visión y fortalezcan tu negocio.

Construcción de una Red de Contactos Efectiva

El primer paso para desarrollar una red de contactos valiosa es construir relaciones con personas que compartan intereses, valores y, sobre todo, una visión de colaboración. La construcción de una red de contactos efectiva requiere enfoque, compromiso y una mentalidad de reciprocidad; no se trata solo de obtener beneficios, sino de ofrecer valor y apoyo a quienes también podrían enriquecer tu negocio.

1. Identificar Contactos Clave

- **Definir Tu Perfil de Contacto Ideal**: Antes de empezar a hacer contactos, es esencial identificar quiénes podrían ser clave para tu negocio. Piensa en personas cuyas habilidades, conocimientos o conexiones podrían contribuir al crecimiento y expansión de tu empresa.

- **Buscar Contactos en Espacios Estratégicos**: Los eventos de la industria, conferencias, ferias comerciales y hasta plataformas en línea como LinkedIn son puntos de encuentro ideales para conectarte con personas relevantes.

- **Calidad sobre Cantidad**: No se trata de tener la lista de contactos más larga, sino de construir relaciones de calidad con personas que realmente puedan contribuir de manera positiva y significativa.

2. Cultivar Relaciones Sostenibles

- **Demuestra Interés Genuino**: Las relaciones auténticas empiezan con un interés sincero en los objetivos y necesidades de la otra persona. Escuchar activamente y recordar detalles clave de las conversaciones ayuda a fortalecer el vínculo.

- **Ser Generoso con tus Conexiones**: Ofrecer valor en forma de apoyo, conocimientos o contactos que puedan beneficiar a tus nuevos conocidos muestra reciprocidad y fortalece la relación.

- **Construir Credibilidad**: La credibilidad es fundamental en el networking. Cumplir tus compromisos y actuar de manera ética y profesional es vital para mantener relaciones sostenibles a largo plazo.

3. Ejemplos de Networking Exitoso

- **Ejemplo de Relación Sostenible**: Una alianza como la de Apple y Nike es un ejemplo de networking exitoso. Ambas empresas se encontraron en una visión compartida y un objetivo común: combinar tecnología y deporte para ofrecer productos innovadores. Esta colaboración estratégica ha beneficiado a ambas empresas y es una prueba del valor de las conexiones de calidad en el éxito empresarial.

- **Caso de Éxito en Relaciones Personales**: Un emprendedor puede forjar relaciones con mentores o figuras de la industria que le ofrezcan orientación y recursos valiosos, ayudándolo a evitar errores comunes y a enfocarse en el crecimiento estratégico.

Alianzas Estratégicas: Multiplicando el Valor

Las alianzas estratégicas son asociaciones que amplían las capacidades de una empresa y generan beneficios mutuos. Estas colaboraciones permiten a las empresas compartir recursos, conocimientos y oportunidades que, de otra manera, podrían no estar disponibles. Las alianzas estratégicas bien estructuradas no solo aumentan la visibilidad y el alcance, sino que también agregan valor al producto o servicio y fortalecen la posición competitiva.

1. Tipos de Alianzas Estratégicas

- **Alianzas Comerciales**: Estas son asociaciones en las que ambas empresas colaboran para promover productos o servicios en mercados compartidos o complementarios.

- **Colaboraciones en Proyectos**: Empresas que se unen temporalmente para proyectos específicos, combinando sus fortalezas para alcanzar objetivos comunes sin necesidad de fusiones permanentes.

- **Acuerdos de Distribución**: Estas alianzas permiten a una empresa acceder a canales de distribución ya establecidos por otra empresa, ampliando su presencia de mercado y, en ocasiones, entrando en nuevos territorios.

2. Beneficios de las Alianzas Estratégicas

- **Expansión de Mercado**: Una alianza estratégica puede ayudar a que una empresa ingrese a nuevos mercados, tanto geográficos como demográficos, al aprovechar la base de clientes y los conocimientos del socio.

- **Compartir Conocimientos y Recursos**: Las alianzas ofrecen acceso a nuevas tecnologías, know-how y otros recursos que pueden mejorar la eficiencia y la innovación en ambas empresas.

- **Incremento de la Visibilidad y el Reconocimiento**: Al asociarse con una empresa reconocida, una marca más pequeña o nueva puede beneficiarse de la reputación y la confianza ya establecidas de su socio.

3. Ejemplo de Alianza Estratégica Exitosa

- **Caso de Éxito: Coca-Cola y McDonald's**: Coca-Cola y McDonald's han mantenido una alianza estratégica desde hace décadas. Esta relación beneficia a ambas partes: McDonald's ofrece productos de Coca-Cola exclusivamente, lo cual aumenta la lealtad de los clientes, mientras que Coca-Cola obtiene un canal de distribución estable y visible en los miles de establecimientos de McDonald's alrededor del mundo. Esta alianza no solo fortalece la presencia de ambas marcas, sino que también demuestra cómo la colaboración puede llevar a un éxito compartido.

Estrategias para Hacer Networking y Establecer Alianzas Sólidas

El networking y la formación de alianzas sólidas requieren una estrategia clara y un enfoque proactivo. Con una preparación adecuada y una actitud de servicio, se pueden construir relaciones que no solo fortalezcan la red de contactos, sino que también generen oportunidades de colaboración efectivas y sostenibles.

1. Preparación y Objetivos Claros

- **Definir los Objetivos del Networking**: Antes de iniciar cualquier acción de networking o de establecer una alianza, es esencial tener una idea clara de qué se busca lograr. Ya sea expandir el mercado, colaborar en innovación o aumentar la visibilidad, los objetivos ayudan a identificar los contactos y las alianzas adecuados.

- **Investigación y Preparación**: Investigar previamente a las personas o empresas con las que se desea colaborar demuestra profesionalismo y compromiso. Conocer sus intereses y valores facilita una comunicación más efectiva y crea una impresión positiva desde el primer contacto.

2. Aportar Valor y Ser Proactivo

- **Aportar Valor Primero**: El networking efectivo se basa en la reciprocidad. Al ofrecer ayuda, conocimientos o conexiones antes de esperar algo a cambio, se demuestra una actitud de apoyo y generosidad que fortalece la relación.

- **Identificar Oportunidades de Colaboración**: Ser proactivo al proponer ideas o soluciones conjuntas puede acelerar la creación de alianzas. Al mostrar interés en el éxito de la otra parte, es más probable que se forme una conexión genuina y beneficiosa.

- **Mantener la Proactividad a lo Largo de la Relación**: El networking no termina con un solo contacto. Mantenerse en contacto, compartir novedades y mostrar interés en el bienestar del otro son formas de consolidar la relación y de ser percibido como un socio confiable.

3. **Mantener y Fortalecer las Conexiones**
   - **Seguimiento Regular**: El seguimiento es clave en el networking. Enviar un mensaje tras la primera reunión o encuentro, agradecer el tiempo de la otra persona y mantener una comunicación periódica refuerza el compromiso con la relación.
   - **Celebrar los Logros de los Contactos**: Reconocer los éxitos y logros de las personas en tu red fortalece el vínculo y muestra que valoras su crecimiento.
   - **Ser Consistente y Honesto**: La coherencia en el tiempo es fundamental para fortalecer las conexiones. La honestidad en la comunicación y la disposición para ayudar en momentos de necesidad refuerzan la confianza y crean una base sólida para futuras colaboraciones.

Ejemplo de Estrategia Proactiva:
- **Ejemplo Inspirador**: LinkedIn es una herramienta poderosa para construir y mantener conexiones profesionales. Un emprendedor que utiliza LinkedIn para compartir logros y felicitar a otros por sus éxitos, además de compartir contenido valioso de su industria, logra mantenerse en el radar de su red y fortalecer las relaciones de manera constante.

Redes de Contactos y Alianzas Estratégicas

El poder del networking y las alianzas estratégicas reside en la capacidad de crear un impacto conjunto mucho mayor que el de cualquier esfuerzo individual. Las relaciones construidas a través del networking y las alianzas permiten acceder a nuevas oportunidades, compartir conocimientos y multiplicar los recursos. En un mundo donde la colaboración es cada vez más valorada, construir una red de contactos sólida y fomentar alianzas estratégicas no solo fortalece la reputación de una empresa, sino que también impulsa su crecimiento y resiliencia a largo plazo.

Este capítulo ha mostrado cómo una red de contactos efectiva y alianzas bien estructuradas pueden ser herramientas poderosas para el éxito empresarial. Al invertir tiempo y esfuerzo en estas conexiones, cada emprendedor puede abrir nuevas puertas y crear un entorno de apoyo mutuo que contribuya a la sostenibilidad y expansión de su negocio.

Mensaje Final

En los negocios, nadie llega lejos solo. Cada contacto, cada relación y cada alianza representan una oportunidad para aprender, crecer y contribuir de manera significativa. La verdadera esencia del networking no está en lo que podemos obtener de los demás, sino en el valor que aportamos a quienes nos rodean. Al construir tu red de contactos y formar alianzas estratégicas, recuerda siempre actuar con autenticidad y generosidad. Estos son los principios que transforman una simple conexión en una asociación que impulsa el éxito y deja una huella duradera

ESQUEMA DEL CAPÍTULO 7

1. **Introducción a la Toma de Decisiones en Momentos de Incertidumbre**

   - Explica la importancia de una toma de decisiones firme y racional durante crisis, cuando la confianza de los clientes y empleados puede estar en juego.

   - Cómo los momentos de crisis revelan la capacidad de liderazgo y resiliencia de una organización.

2. **Entendiendo los Factores que Influyen en la Decisión en Crisis**

   - **La Toma de Decisiones Racionales e Intuitivas**: Explica la diferencia y cómo ambos enfoques pueden ser útiles en situaciones de crisis.

   - **Análisis de Riesgo y Compromiso**: Factores clave que ayudan a analizar las consecuencias potenciales y a evaluar el compromiso que se necesita.

   - Ejemplos de situaciones de crisis comunes y cómo diferentes empresas enfrentaron estos retos.

3. **Estrategias para Tomar Decisiones Efectivas en Crisis**

   - **Mantener la Calma y Evaluar la Situación**: La importancia de mantener una mente tranquila para evaluar objetivamente la situación.

   - **Priorización de Acciones Críticas**: Identificar qué es urgente y qué es importante para tomar decisiones que minimicen el impacto.

   - **Comunicarse Abierta y Transparentemente**: Cómo mantener informados a clientes, empleados y stakeholders para mitigar la incertidumbre y preservar la confianza.

4. Lecciones de Empresas que Gestionaron Crisis Exitosamente

- Ejemplos de empresas que manejaron una crisis pública de manera efectiva, convirtiendo la situación en una oportunidad para fortalecer su reputación.
- **Caso de Estudio**: Análisis detallado de una empresa que supo actuar rápidamente en un momento de crisis, mostrando cómo su respuesta fortaleció su imagen.

5. Beneficios de una Toma de Decisiones Eficaz en Crisis

- Discute los beneficios de tomar decisiones rápidas y bien fundamentadas en tiempos de crisis, desde la protección de la reputación hasta la fidelización de clientes y empleados.
- Cómo una respuesta eficaz en tiempos de crisis puede aumentar la resiliencia y preparar mejor a la empresa para el futuro.

6. La Crisis como Oportunidad para Demostrar Liderazgo

- Reflexión sobre cómo los momentos de crisis son una oportunidad para que los líderes demuestren su fortaleza y valores, inspirando confianza en su equipo y en el mercado.
- Enfatiza que cada decisión en tiempos de crisis refuerza o debilita la percepción pública y la credibilidad de la empresa.

Capítulo 7

TOMANDO DECISIONES EN TIEMPOS DE CRISIS

Albert Einstein

"En medio de la dificultad yace la oportunidad."

Las crisis son momentos de incertidumbre y presión, que desafían incluso a los líderes más experimentados. Sin embargo, estos momentos difíciles también revelan la verdadera fortaleza y resiliencia de una organización. La capacidad de tomar decisiones efectivas y rápidas en tiempos de crisis no solo ayuda a superar el desafío inmediato, sino que también puede fortalecer la relación con los clientes, empleados y socios comerciales, dejando una impresión duradera y positiva.

Este capítulo explora la importancia de mantener la calma y tomar decisiones racionales y efectivas cuando parece que todo está en juego. En situaciones de crisis, la capacidad de un líder para analizar los riesgos, comunicarse con claridad y actuar con determinación puede hacer la diferencia entre el éxito y el fracaso. A lo largo de estas páginas, aprenderás estrategias para tomar decisiones en momentos de alta presión, priorizar acciones críticas y convertir las crisis en oportunidades para mostrar el valor y la solidez de tu empresa.

Entendiendo los Factores que Influyen en la Decisión en Crisis

La toma de decisiones en tiempos de crisis requiere un enfoque claro y calculado. Al enfrentar una crisis, los líderes deben evaluar múltiples factores que pueden afectar tanto el corto como el largo plazo. La capacidad de distinguir entre decisiones racionales e intuitivas y de realizar un análisis de riesgos efectivo es fundamental para gestionar el impacto de la crisis en la organización.

1. La Toma de Decisiones Racionales e Intuitivas

- **Decisiones Racionales**: Estas decisiones se basan en el análisis objetivo de datos y hechos. Durante una crisis, las decisiones racionales son útiles cuando el líder tiene acceso a la información necesaria para evaluar las opciones y consecuencias. Evaluar de manera racional permite tomar decisiones fundamentadas en lógica y evidencia.

- **Decisiones Intuitivas**: En situaciones de alta presión, puede ser difícil tener toda la información necesaria. La intuición, basada en la experiencia y el conocimiento del negocio, permite al líder responder rápidamente y con confianza. La intuición puede ser especialmente útil en situaciones donde se necesita actuar con urgencia y donde los datos no son claros o completos.

- **Equilibrio entre Racionalidad e Intuición**: Los líderes efectivos suelen emplear una combinación de decisiones racionales e intuitivas. Al saber cuándo confiar en la intuición y cuándo basarse en la lógica, los líderes pueden actuar con mayor agilidad y adaptabilidad.

2. Análisis de Riesgo y Compromiso

- **Evaluación de Consecuencias Potenciales**: Antes de tomar una decisión, es fundamental analizar los riesgos y las posibles repercusiones. Este análisis permite al líder comprender los efectos de cada opción y su impacto en la empresa, el equipo y los clientes.

- **Compromiso y Responsabilidad**: Toda decisión en tiempos de crisis implica un nivel de compromiso y responsabilidad. Los líderes deben estar preparados para asumir la responsabilidad de sus elecciones y para comunicar las razones detrás de cada decisión a sus equipos y stakeholders.

- **Ejemplo Inspirador**: En 2008, durante la crisis financiera, muchas empresas enfrentaron decisiones difíciles, como recortes de personal y reducción de costos. Sin embargo, algunas empresas, como Southwest Airlines, optaron por preservar los empleos y, en su lugar, buscaron maneras alternativas de reducir costos. Esta decisión fortaleció la lealtad de sus empleados y la percepción pública de la empresa.

Estrategias para Tomar Decisiones Efectivas en Crisis

En tiempos de crisis, la capacidad de tomar decisiones rápidas y bien fundamentadas es esencial para minimizar el impacto y proteger la reputación y los activos de la empresa. Las siguientes estrategias te ayudarán a mantener la calma, priorizar acciones críticas y comunicarte de manera efectiva, convirtiendo la crisis en una oportunidad para demostrar liderazgo.

1. Mantener la Calma y Evaluar la Situación

- **Respirar y Pausar**: En momentos de alta presión, tomarse un momento para respirar y evaluar la situación puede marcar la diferencia entre una reacción impulsiva y una respuesta bien pensada.

- **Evaluación Objetiva de la Situación**: Analiza el problema desde una perspectiva objetiva. Haz preguntas clave para entender el alcance del problema: ¿Cuáles son las causas? ¿Quiénes están afectados? ¿Qué recursos están en riesgo?

- **Ejemplo de Calma bajo Presión**: Durante la crisis del COVID-19, muchas empresas optaron por mantener la calma y realizar análisis detallados antes de reaccionar. Esto les permitió tomar decisiones informadas sobre sus operaciones y prioridades en un contexto incierto.

2. Priorización de Acciones Críticas

- **Distinguir entre lo Urgente y lo Importante**: Durante una crisis, es fácil confundirse entre lo urgente y lo importante. Identificar cuáles son las acciones críticas que deben tomarse de inmediato y cuáles pueden esperar ayuda a optimizar los recursos y el tiempo disponible.

- **Crear un Plan de Acción Escalonado**: Divide las tareas en etapas de corto, mediano y largo plazo. De este modo, podrás manejar la crisis de forma más estructurada y asegurar que se aborden primero los aspectos más urgentes.

- **Ejemplo Inspirador**: En el caso de un retiro de producto, Johnson & Johnson estableció un plan de acción inmediato que incluía la retirada de los productos afectados, seguido de una investigación a fondo. Su respuesta estructurada y priorizada ayudó a recuperar la confianza de los consumidores y a minimizar el impacto negativo.

3. Comunicarse Abierta y Transparentemente

- **Mantener Informados a los Stakeholders**: La transparencia es clave en tiempos de crisis. Informar a clientes, empleados y socios sobre los avances y las decisiones tomadas en respuesta a la crisis genera confianza y evita la especulación.

- **Comunicación Clara y Concisa**: En tiempos de crisis, la claridad y la concisión son esenciales. Evita mensajes ambiguos y brinda información precisa sobre lo que está ocurriendo, las medidas que se están tomando y qué pueden esperar los afectados.

- **Ejemplo de Comunicación Transparente**: Durante la crisis de seguridad en Facebook en 2018, Mark Zuckerberg adoptó una postura de transparencia al explicar detalladamente lo que había ocurrido, las acciones para corregir el problema y los planes para evitar futuros incidentes. Este enfoque ayudó a restablecer la confianza de los usuarios y demostró responsabilidad.

Lecciones de Empresas que Gestionaron Crisis Exitosamente

Las crisis son inevitables en el mundo empresarial, pero también representan una oportunidad para demostrar la resiliencia y los valores de una organización. A continuación, analizamos ejemplos de empresas que manejaron situaciones difíciles con éxito, convirtiendo la adversidad en una plataforma para fortalecer su reputación y aprender valiosas lecciones.

1. Ejemplo 1: Johnson & Johnson y la Crisis del Tylenol

- **La Crisis**: En 1982, varias personas fallecieron tras ingerir cápsulas de Tylenol contaminadas con cianuro. La situación generó pánico y amenazó con destruir la reputación de Johnson & Johnson.

- **La Respuesta**: Johnson & Johnson decidió retirar inmediatamente del mercado todos los frascos de Tylenol, a pesar de las pérdidas financieras significativas. Además, la empresa lanzó una campaña de comunicación transparente y colaboró con las autoridades para investigar y resolver el problema.

- **Lección Aprendida**: La decisión de actuar rápidamente y de manera transparente ayudó a restaurar la confianza del público y convirtió a Johnson & Johnson en un referente de responsabilidad corporativa. La crisis también impulsó cambios en el empaque de productos farmacéuticos para mejorar la seguridad de los consumidores.

2. Ejemplo 2: Southwest Airlines y la Crisis del 11 de Septiembre

- **La Crisis**: Tras los atentados del 11 de septiembre de 2001, la industria de la aviación sufrió una de las mayores crisis de su historia. Muchas aerolíneas experimentaron graves pérdidas y despidos masivos.

- **La Respuesta**: Southwest Airlines decidió no despedir a ningún empleado y, en su lugar, buscó formas de reducir costos operativos en otras áreas. La empresa también reforzó su comunicación interna y externa, mostrando un fuerte compromiso hacia sus empleados y clientes.

- **Lección Aprendida**: La decisión de Southwest Airlines de mantener a su equipo unido en tiempos difíciles fortaleció la moral y la lealtad de los empleados. Este enfoque también ayudó a la aerolínea a diferenciarse en el mercado y a construir una reputación de compromiso con su gente.

3. Ejemplo 3: Toyota y el Retiro de Vehículos por Problemas de Aceleración

- **La Crisis**: En 2009, Toyota se enfrentó a una crisis global cuando se descubrió un problema en los pedales de aceleración de varios modelos, lo que provocó accidentes y pérdidas de vidas. La situación amenazaba la imagen de confiabilidad de la marca.
- **La Respuesta**: Toyota asumió la responsabilidad, retirando millones de vehículos en todo el mundo y mejorando sus procesos de control de calidad. Además, la empresa implementó un plan de comunicación para mantener informados a sus clientes y reparar su relación con el público.
- **Lección Aprendida**: La disposición de Toyota para asumir la responsabilidad y actuar rápidamente para rectificar el problema fortaleció su reputación a largo plazo. La empresa demostró que, incluso en situaciones críticas, la transparencia y la responsabilidad pueden ayudar a reconstruir la confianza del consumidor.

Tomando Decisiones en Tiempos de Crisis

Las crisis, aunque desafiantes, ofrecen una oportunidad única para que una empresa demuestre su fortaleza, valores y capacidad de liderazgo. A lo largo de este capítulo, hemos visto cómo la calma, la claridad en las prioridades y la transparencia pueden transformar un momento de adversidad en una oportunidad para consolidar la confianza y la reputación de la empresa. Los ejemplos de empresas que han gestionado crisis con éxito muestran que, al asumir la responsabilidad y actuar de forma proactiva, se puede mitigar el impacto negativo y, en algunos casos, incluso fortalecer la relación con los clientes y empleados.

Cada decisión tomada en tiempos de crisis deja una marca en la percepción pública. Por eso, es fundamental que los líderes estén preparados para enfrentar estos momentos con integridad y decisión, sabiendo que el manejo adecuado de una crisis puede ser el diferenciador clave en un mercado competitivo y un catalizador para el crecimiento a largo plazo.

Mensaje Final

En tiempos de crisis, los verdaderos líderes encuentran la oportunidad de demostrar su carácter. Cada desafío es una prueba que exige calma, claridad y un compromiso inquebrantable con los valores de la empresa. Cuando los momentos difíciles llegan, actúa con transparencia, prioriza el bienestar de todos los involucrados y recuerda que una crisis bien gestionada puede convertirse en una poderosa declaración de lo que representa tu empresa. Las decisiones que tomes en los momentos de mayor presión definirán no solo tu presente, sino también el legado que dejarás para el futuro.

WINSTON CHURCHILL:

"Nunca dejes que una buena crisis se desperdicie."

ESQUEMA DEL CAPÍTULO 8

1. **Introducción a la Importancia de Superar las Expectativas del Cliente**
   - Explica cómo ir más allá de lo esperado genera una conexión emocional con el cliente y fortalece la lealtad.
   - La diferencia entre cumplir con las expectativas y superarlas, y su impacto en la percepción de marca.

2. **Conociendo a tu Cliente para Entender sus Expectativas**
   - **Escucha Activa y Empatía**: Cómo escuchar las necesidades reales del cliente ayuda a comprender sus expectativas.
   - **Segmentación y Personalización**: La importancia de identificar perfiles de clientes y personalizar la experiencia para cada segmento.
   - Ejemplo de cómo grandes empresas y pequeñas empresas han aprovechado el conocimiento del cliente para superar sus expectativas.

3. **Estrategias para Superar las Expectativas del Cliente**
   - **Aportar Valor Agregado**: Cómo agregar detalles o servicios adicionales que hagan la experiencia única y memorable.
   - **Innovación en el Servicio al Cliente**: La importancia de la creatividad y la innovación en la experiencia del cliente para lograr una diferenciación auténtica.
   - **Rapidez y Eficiencia**: Cómo mejorar los tiempos de respuesta y simplificar procesos para ofrecer una experiencia excepcional.
   - Ejemplo de empresas que han utilizado la innovación para destacar en servicio al cliente.

4. **La Importancia de la Comunicación y la Transparencia**
   - **Comunicación Clara y Abierta**: Cómo la transparencia en la comunicación genera confianza y previene malentendidos.

- **Gestionar las Expectativas en Tiempo Real**: La importancia de mantener informado al cliente en todo momento para superar sus expectativas.

5. Beneficios de Superar las Expectativas del Cliente

- Discute los beneficios a largo plazo, como el aumento de la fidelidad, las recomendaciones y la creación de defensores de marca.
- Cómo los clientes satisfechos pueden convertirse en promotores de la marca y en una fuente de marketing de boca en boca.

6. Crear una Experiencia que Inspira Lealtad y Confianza

- Reflexión final sobre cómo superar las expectativas genera relaciones de valor y una reputación sólida.
- Enfatiza que superar las expectativas del cliente es un compromiso constante que fortalece la conexión emocional con la marca.

Capítulo 8

SUPERAR LAS EXPECTATIVAS DEL CLIENTE

Walt Disney

"Hagas lo que hagas, hazlo tan bien que vuelvan y, además, traigan a sus amigos."

En un mundo donde los clientes tienen más opciones que nunca, cumplir con sus expectativas ya no es suficiente. Para destacar y construir una relación de lealtad duradera, las empresas deben ir más allá y esforzarse en ofrecer una experiencia que sea única y memorable. Superar las expectativas del cliente no solo los convierte en clientes recurrentes, sino que también los transforma en promotores de la marca, dispuestos a recomendarla y a compartir su experiencia con otros.

Este capítulo explora cómo las empresas pueden elevar la experiencia del cliente al siguiente nivel, ofreciendo un valor adicional que trasciende lo esperado. Desde escuchar activamente y personalizar la experiencia, hasta innovar en cada punto de contacto, veremos estrategias que han ayudado a marcas exitosas a diferenciarse y a crear conexiones emocionales profundas con sus clientes. A medida que aprendas estas técnicas, descubrirás que superar las expectativas no solo refuerza la lealtad, sino que también establece una reputación de excelencia y compromiso.

Conociendo a tu Cliente para Entender sus Expectativas

Para poder superar las expectativas de los clientes, es fundamental conocerlos a fondo. Esto implica ir más allá de los datos demográficos y comprender sus motivaciones, necesidades y aspiraciones. Con una comprensión profunda del cliente, una empresa puede identificar y anticipar sus expectativas, personalizando la experiencia de manera que realmente destaque.

1. Escucha Activa y Empatía

- **Escuchar las Necesidades y Preferencias del Cliente**: La escucha activa implica prestar atención no solo a lo que los clientes dicen, sino también a cómo lo dicen. Tomarse el tiempo para escuchar y comprender sus expectativas permite a las empresas detectar patrones y necesidades no expresadas.

- **Empatía como Base para la Conexión**: La empatía permite que el cliente se sienta valorado y comprendido. Al mostrar empatía, la empresa puede crear una conexión genuina y transmitir que cada cliente es único y especial.

- **Ejemplo Inspirador**: Zappos, la empresa de venta de calzado online, es reconocida por su enfoque en la escucha activa y el servicio al cliente empático. Sus representantes están capacitados para dedicar el tiempo que sea necesario a cada cliente, incluso en conversaciones de larga duración, con el objetivo de asegurar que cada interacción sea memorable.

2. Segmentación y Personalización

- **Segmentar para Identificar Perfiles Únicos de Clientes**: La segmentación permite agrupar a los clientes según características específicas, como preferencias, necesidades o comportamientos. Al segmentar, una empresa puede identificar grupos con expectativas similares y personalizar su experiencia en función de estos perfiles.

- **Personalizar la Experiencia del Cliente**: Una vez que se ha segmentado a los clientes, el siguiente paso es personalizar su experiencia. Esto puede ir desde recomendar productos específicos hasta adaptar el tono de la comunicación y el estilo de servicio. La personalización demuestra que la empresa conoce al cliente y está dispuesta a adaptar su oferta a sus preferencias.

- **Ejemplo Inspirador**: Netflix es un claro ejemplo de cómo la segmentación y personalización pueden elevar la experiencia del cliente. A través de algoritmos avanzados, la plataforma de streaming recomienda contenido basado en los intereses y comportamientos previos de cada usuario, creando una experiencia de visualización única para cada cliente.

Estrategias para Superar las Expectativas del Cliente

Superar las expectativas de los clientes requiere creatividad, atención al detalle y una mentalidad de servicio orientada al valor agregado. Las siguientes estrategias te permitirán ofrecer una experiencia memorable que va más allá de lo que el cliente espera, generando lealtad y recomendaciones positivas.

1. Aportar Valor Agregado

- **Agregar Detalles Únicos**: Incorporar pequeños detalles o servicios adicionales en cada interacción puede hacer una gran diferencia. Estos elementos no necesariamente implican un costo adicional, pero tienen un impacto emocional significativo para el cliente.

- **Sorprender al Cliente**: La sorpresa positiva crea una experiencia memorable. Desde un mensaje de agradecimiento hasta una mejora en el producto o servicio sin costo adicional, sorprender al cliente ayuda a consolidar una relación de confianza y satisfacción.

- **Ejemplo Inspirador**: La cadena de hoteles Ritz-Carlton es conocida por sus esfuerzos en brindar valor agregado. Sus empleados tienen la libertad de tomar decisiones que mejoren la experiencia del cliente, y los detalles personalizados, como recordar preferencias de los huéspedes, son un sello distintivo de la marca.

2. Innovación en el Servicio al Cliente

- **Adaptar las Innovaciones a las Necesidades del Cliente**: Innovar no solo se trata de tecnología, sino de adaptarse de manera creativa a las necesidades de los clientes. Esto podría implicar simplificar procesos, mejorar la accesibilidad o adaptar el producto o servicio de acuerdo a las preferencias del cliente.

- **Pensar Fuera de la Caja**: La creatividad en el servicio al cliente es clave para superar expectativas. Desde experiencias interactivas hasta nuevos canales de comunicación, una mentalidad innovadora puede llevar la experiencia al siguiente nivel.

- **Ejemplo Inspirador**: Apple revolucionó el servicio al cliente al crear sus Genius Bars en tiendas físicas, un espacio donde los clientes pueden recibir asistencia técnica personalizada. Este enfoque innovador no solo resuelve problemas, sino que también refuerza la conexión con la marca.

3. Rapidez y Eficiencia

- **Responder a las Necesidades del Cliente con Rapidez**: La eficiencia es uno de los aspectos que más valoran los clientes en la experiencia de servicio. Reducir los tiempos de espera, agilizar las respuestas y solucionar problemas rápidamente genera una percepción positiva y ayuda a construir confianza.

- **Simplificar Procesos**: Procesos complejos o largos pueden frustrar al cliente y reducir su satisfacción. Simplificar y hacer que la experiencia sea fluida mejora la experiencia general y permite a los clientes disfrutar de un servicio rápido y sin contratiempos.

- **Ejemplo Inspirador**: Amazon ha liderado la industria de comercio electrónico gracias a su enfoque en rapidez y eficiencia. Con su opción de entrega rápida y fácil proceso de devolución, la empresa ha logrado establecer un estándar de eficiencia que supera las expectativas de sus clientes en términos de conveniencia y accesibilidad.

La Importancia de la Comunicación y la Transparencia

La comunicación y la transparencia son fundamentales para construir una relación sólida con los clientes. Mantener una comunicación clara y abierta permite gestionar las expectativas y prevenir posibles malentendidos, lo que resulta en una experiencia de cliente más satisfactoria y una mayor lealtad.

1. Comunicación Clara y Abierta

- **Ofrecer Información Precisa y Completa**: La transparencia implica comunicar información detallada sobre los productos, servicios y procesos de la empresa. Esto incluye los precios, las políticas de devolución y los tiempos de espera, ayudando a los clientes a tomar decisiones informadas.

- **Ser Consistente en la Comunicación**: La consistencia en el mensaje asegura que el cliente reciba la misma información sin importar el canal de comunicación. Esto refuerza la confianza y demuestra que la empresa actúa de manera coherente y profesional.

- **Ejemplo Inspirador**: Tesla es reconocida por su transparencia al proporcionar información detallada sobre sus vehículos eléctricos, incluyendo las especificaciones, el rendimiento y los procesos de actualización. Este enfoque de comunicación clara fortalece la confianza y ayuda a los clientes a comprender completamente lo que están adquiriendo.

2. Gestionar las Expectativas en Tiempo Real

- **Mantener Informado al Cliente Durante Todo el Proceso**: Actualizar al cliente en tiempo real sobre el progreso de su pedido, servicio o resolución de problema es clave para reducir la ansiedad y mantener una relación positiva.

- **Comunicación en Situaciones de Retraso o Problemas**: Cuando algo sale mal, una comunicación rápida y honesta permite que el cliente sienta que la empresa está comprometida a resolver el problema. Ofrecer soluciones alternativas o compensaciones cuando sea necesario demuestra un compromiso genuino con la satisfacción del cliente.

- **Ejemplo Inspirador**: Durante la pandemia, muchas empresas enfrentaron retrasos y problemas de suministro. Aquellas que mantuvieron informados a sus clientes sobre los desafíos y tiempos de espera, como las tiendas de comercio electrónico Etsy y Shopify, lograron minimizar el impacto negativo y preservar la lealtad de sus usuarios.

Beneficios de Superar las Expectativas del Cliente

Superar las expectativas del cliente va más allá de una experiencia agradable; es una estrategia que trae consigo beneficios a largo plazo. Cuando una empresa se esfuerza constantemente en brindar una experiencia memorable, crea una relación de valor con sus clientes, quienes se convierten en embajadores de la marca y en una fuente de crecimiento continuo.

1. Aumento de la Fidelidad y Repetición de Compra

- **Lealtad a Largo Plazo**: Cuando una empresa supera las expectativas de sus clientes, estos tienen una mayor probabilidad de regresar y elegirla una y otra vez. La satisfacción profunda genera lealtad, ya que el cliente sabe que puede confiar en la empresa.

- **Mayor Valor de Vida del Cliente**: La fidelidad no solo aumenta la frecuencia de compra, sino que también eleva el valor de vida del cliente (Customer Lifetime Value). Clientes satisfechos tienden a gastar más con el tiempo y a probar nuevos productos o servicios de la empresa.

- **Ejemplo Inspirador**: Starbucks ha construido una base de clientes leales al ofrecer una experiencia consistente y personalizada. Su enfoque en superar las expectativas, como recordar las preferencias de sus clientes frecuentes, ha contribuido a su éxito global y a una alta tasa de repetición de compra.

2. Generación de Promotores de la Marca

- **Recomendaciones y Marketing de Boca en Boca:** Cuando un cliente está impresionado, es probable que recomiende la empresa a sus amigos y familiares. Este tipo de marketing orgánico y boca a boca es muy valioso, ya que es percibido como más genuino y confiable.

- **Clientes como Embajadores de Marca:** Los clientes satisfechos no solo recomiendan, sino que también pueden defender a la empresa en momentos de crisis, siendo una voz positiva para la marca. Esto genera una red de promotores que respaldan y ayudan a proteger la reputación de la empresa.

- **Ejemplo Inspirador:** Apple ha logrado que sus usuarios sean auténticos promotores de la marca. Sus clientes no solo compran los productos, sino que también comparten sus experiencias y defienden la marca activamente, contribuyendo al crecimiento de su comunidad global de seguidores.

3. Diferenciación Competitiva y Reputación

- **Diferenciación en el Mercado:** Superar las expectativas de los clientes es una forma de destacar frente a la competencia. Una empresa que ofrece un nivel de servicio superior es más difícil de reemplazar y se posiciona como una opción preferida en la mente de los clientes.

- **Fortalecimiento de la Reputación de Marca:** Una reputación positiva no se construye solo con la publicidad, sino a través de experiencias memorables. Una empresa que constantemente sorprende y deleita a sus clientes establece una imagen sólida y respetada en el mercado.

- **Ejemplo Inspirador:** La empresa de cosméticos Lush ha desarrollado una reputación fuerte por su enfoque ético y sus productos innovadores. Al superar las expectativas con productos frescos y respetuosos con el medio ambiente, Lush ha ganado la preferencia de consumidores leales y de un nicho específico de mercado.

Superar las Expectativas del Cliente

Superar las expectativas de los clientes es una estrategia poderosa que transforma cada interacción en una oportunidad para crear valor y construir lealtad. Este capítulo ha explorado cómo conocer a fondo a los clientes, innovar en cada detalle y mantener una comunicación clara y transparente permite no solo satisfacer sus necesidades, sino también sorprenderlos y deleitarlos. Los beneficios de superar las expectativas van desde la fidelidad y la repetición de compra hasta la creación de promotores de marca y una reputación sólida en el mercado.

Cada vez que una empresa eleva el estándar de la experiencia del cliente, no solo fortalece su posición frente a la competencia, sino que también genera relaciones duraderas que impulsan el crecimiento y la sostenibilidad del negocio. La clave está en ver cada interacción como una oportunidad para dejar una huella positiva y memorable.

Mensaje Final

Superar las expectativas del cliente no es un acto aislado; es un compromiso continuo de excelencia y atención al detalle. Cada cliente es una oportunidad para inspirar, sorprender y construir una relación de valor que vaya más allá de la transacción. Cuando te esfuerzas por dar más de lo esperado, tus clientes lo notan, lo aprecian y regresan. Recuerda que, al ofrecer una experiencia excepcional, no solo estás ganando un cliente, sino también un promotor fiel de tu marca que llevará tu mensaje mucho más lejos de lo que imaginas.

SAM WALTON

"Supera las expectativas de tus clientes.
*Si lo haces, se mantendrán leal para siempre.*È

ESQUEMA DEL CAPÍTULO 9

1. **Introducción a la Visión Empresarial y la Necesidad de Adaptación**
   - Explica la relación entre una visión sólida y la capacidad de adaptarse en tiempos de cambio.
   - Cómo una visión fuerte actúa como un "norte" que ayuda a la empresa a ajustarse a las nuevas realidades del mercado.

2. **Definiendo una Visión Empresarial Inspiradora**
   - Componentes de una Visión Clara: Describe los elementos clave que debe tener una visión empresarial, incluyendo propósito, valores y objetivos.
   - El Papel de la Visión en la Motivación del Equipo: Cómo una visión bien definida inspira y orienta a los empleados en sus roles.
   - Ejemplo: Empresas como Google o Amazon, cuya visión se enfoca en la innovación continua y ha permitido adaptarse y liderar en sus respectivas industrias.

3. **La Adaptación al Cambio como Parte de la Visión**
   - Desarrollar una Visión Adaptativa: Cómo ajustar la visión de manera que refleje la flexibilidad ante nuevos desafíos.
   - Capacidades Clave para la Adaptación: La importancia de la agilidad organizacional y la preparación para cambios repentinos.
   - Ejemplo: Netflix y su cambio de un modelo de DVDs por correo a uno de streaming y producción de contenido, mostrando una visión adaptativa.

4. Estrategias para Fomentar la Adaptación al Cambio

- Fomentar una Cultura de Adaptación: La importancia de crear una cultura que abrace el cambio, con empleados motivados a innovar y adaptarse.

- Implementar la Innovación Continua: Cómo crear procesos de innovación y mejora que permitan a la empresa adaptarse constantemente.

- Ejemplo: Tesla, que continuamente desafía las normas de la industria automotriz y tecnológica.

5. Beneficios de una Visión Adaptativa a Largo Plazo

- Discusión de cómo una visión flexible permite a las empresas mantenerse competitivas, atraer talento y desarrollar resiliencia.

- Beneficios como una reputación de marca fuerte, relevancia continua y capacidad de crecimiento.

6. La Visión como Guía en la Navegación del Cambio

- Reflexión sobre cómo una visión sólida y adaptable fortalece a la empresa frente a los desafíos del mercado.

- Mensaje de inspiración sobre el poder de una visión clara que se ajusta a las realidades del mundo empresarial en constante evolución.

Capítulo 9

VISIÓN EMPRESARIAL y ADAPTACIÓN al CAMBIO

– Charles Darwin

"No es la especie más fuerte la que sobrevive, ni la más inteligente, sino la que mejor se adapta al cambio."

En el mundo empresarial, como en la naturaleza, la capacidad de adaptación es crucial para la supervivencia y el éxito. Una visión empresarial clara es el "norte" que guía a la empresa en su crecimiento, pero solo las organizaciones que integran la flexibilidad en su visión logran prosperar en un entorno de constante cambio. La combinación de una visión sólida y una mentalidad abierta al cambio permite a las empresas evolucionar y mantenerse competitivas.

Este capítulo explora cómo una visión empresarial adaptativa se convierte en la brújula para enfrentar nuevos retos y aprovechar oportunidades. Desde definir una visión inspiradora hasta fomentar una cultura de adaptación y agilidad, veremos cómo las empresas más exitosas logran mantenerse relevantes en un mercado en constante transformación. A medida que avances en estas páginas, descubrirás estrategias para alinear a tu equipo con una visión clara y flexible, capaz de impulsar el crecimiento, sin importar las circunstancias.

Definiendo una Visión Empresarial Inspiradora

La visión empresarial es la declaración de las aspiraciones y el propósito que guiará a la organización hacia el futuro. Una visión bien definida y motivadora no solo establece el rumbo de la empresa, sino que también inspira a cada miembro del equipo a trabajar en conjunto por un objetivo común. Cuando una empresa posee una visión clara, tiene una base sólida desde la cual puede adaptarse y evolucionar, manteniendo la coherencia y el enfoque en sus metas.

1. Componentes de una Visión Clara

- **Propósito**: La visión debe reflejar el "por qué" de la empresa, es decir, la razón profunda que justifica su existencia y que le da sentido más allá de las ganancias económicas.

- **Valores Fundamentales**: La visión también debe incorporar los valores que guían las decisiones y acciones de la organización, sirviendo como una brújula ética que define cómo se comportará la empresa ante el cambio.

- **Objetivos a Largo Plazo**: Una visión inspiradora establece un horizonte a largo plazo, proyectando un ideal que la empresa aspira a alcanzar. Esto proporciona un marco que, aunque adaptativo, da estabilidad y continuidad a las acciones diarias.

2. El Papel de la Visión en la Motivación del Equipo

- **Inspiración y Compromiso**: Una visión bien comunicada da sentido al trabajo diario de cada miembro del equipo. Cuando los empleados comprenden el propósito de la empresa y su rol dentro de ella, se sienten motivados y comprometidos a contribuir con su talento.

- **Alineación y Colaboración**: La visión también sirve para alinear a todos los departamentos y equipos con el mismo objetivo. Esto promueve la colaboración y asegura que cada acción esté dirigida hacia la misma meta, incluso en tiempos de cambio.

- **Ejemplo Inspirador**: Amazon, cuya visión es "ser la empresa más centrada en el cliente del mundo", inspira a su equipo a innovar y a encontrar nuevas maneras de mejorar la experiencia del cliente. Esta visión, clara y ambiciosa, ha guiado su crecimiento y su adaptación constante a nuevas tecnologías y demandas.

La Adaptación al Cambio como Parte de la Visión

La adaptación al cambio no es solo una respuesta a los desafíos externos; es una parte integral de una visión empresarial flexible y sostenible. Cuando una empresa incluye la adaptación como un componente de su visión, adquiere la capacidad de innovar, evolucionar y anticiparse a las demandas cambiantes del mercado. Esta visión adaptativa permite a la organización enfrentarse a la incertidumbre con confianza y claridad de propósito.

1. Desarrollar una Visión Adaptativa

- **Flexibilidad en la Estrategia**: Una visión adaptativa permite la modificación de estrategias sin perder de vista el propósito central de la empresa. Esta flexibilidad es esencial para ajustar el enfoque y los recursos a medida que cambian las condiciones del mercado.

- **Evaluación y Revisión Constante**: Las empresas que prosperan en entornos cambiantes revisan continuamente su visión y sus objetivos. Al mantener una evaluación constante, pueden anticipar cambios y realizar ajustes de manera proactiva.

- **Ejemplo Inspirador**: Netflix es un claro ejemplo de una empresa con una visión adaptativa. Originalmente una compañía de alquiler de DVDs por correo, Netflix se transformó en una plataforma de streaming y, posteriormente, en un productor de contenido original. Esta capacidad de adaptación ha permitido a Netflix mantenerse como un líder de la industria.

2. Capacidades Clave para la Adaptación

- **Agilidad Organizacional**: La agilidad es la capacidad de una empresa para responder rápidamente a nuevas oportunidades o amenazas. Una visión adaptativa fomenta una estructura organizacional ágil, donde los procesos y decisiones pueden ajustarse rápidamente.

- **Preparación para el Cambio**: Estar preparado para el cambio implica contar con herramientas y prácticas que permitan enfrentar la incertidumbre de manera estratégica. Esto incluye desde el desarrollo de planes de contingencia hasta la creación de equipos de respuesta rápida.

- **Ejemplo Inspirador**: Microsoft ha demostrado agilidad y capacidad de adaptación al cambiar su enfoque hacia la computación en la nube y los servicios digitales. Gracias a su visión adaptativa, ha logrado transformar su modelo de negocio tradicional, adaptándose a las necesidades modernas y a las oportunidades tecnológicas.

Estrategias para Fomentar la Adaptación al Cambio

Para que una visión adaptativa sea efectiva, es fundamental fomentar una cultura que acepte el cambio como una oportunidad de crecimiento. La adaptación no ocurre de manera automática; requiere de estrategias y prácticas que impulsen la flexibilidad y la innovación en todos los niveles de la organización. Las siguientes estrategias te ayudarán a construir una empresa preparada para enfrentar los desafíos del mercado y aprovechar las oportunidades que estos presentan.

1. Fomentar una Cultura de Adaptación

- **Motivar a los Empleados a Abrazar el Cambio**: Es crucial ayudar a los empleados a ver el cambio como una oportunidad y no como una amenaza. Incentivar la participación en procesos de mejora y en la toma de decisiones fortalece su compromiso con la adaptación.

- **Capacitación Continua**: Preparar al equipo para el cambio implica invertir en su desarrollo. La capacitación constante en nuevas herramientas, tecnologías y habilidades permite a los empleados responder con confianza ante la incertidumbre.

- **Ejemplo Inspirador**: Adobe logró transformar su modelo de negocio de un sistema de licencias a una suscripción de software en la nube. Este cambio radical fue posible gracias a una cultura de adaptación y capacitación constante que preparó al equipo para asumir nuevos retos.

2. Implementar la Innovación Continua

- **Crear Espacios para la Innovación**: Fomentar la innovación significa crear un entorno donde los empleados se sientan seguros de proponer ideas, probar nuevos enfoques y aprender de los fracasos. Los espacios de colaboración y las herramientas de brainstorming pueden facilitar esta innovación constante.

- **Experimentación y Feedback Rápido**: La innovación continua requiere la libertad de experimentar y recibir retroalimentación rápida. Esto permite ajustar y optimizar los procesos antes de su implementación completa, promoviendo una mejora constante.

- **Ejemplo Inspirador**: Tesla es un ejemplo de innovación continua en la industria automotriz. La empresa desafía los estándares tradicionales y constantemente introduce mejoras tecnológicas en sus productos, desde sistemas de conducción autónoma hasta avances en energía sostenible.

3. Fomentar la Colaboración y el Trabajo en Equipo

- **Establecer Equipos Multifuncionales**: Los equipos multifuncionales, compuestos por personas de distintas áreas de la empresa, pueden analizar los problemas desde perspectivas variadas. Esta colaboración ayuda a encontrar soluciones innovadoras y refuerza la adaptabilidad.

- **Comunicación Abierta y Transparente**: La comunicación efectiva es clave para el éxito en tiempos de cambio. Mantener a todos informados sobre la visión adaptativa y el propósito detrás de las decisiones ayuda a que cada miembro del equipo se sienta parte del proceso.

- **Ejemplo Inspirador**: IBM promueve la colaboración entre equipos multifuncionales para desarrollar soluciones de inteligencia artificial y computación en la nube. Esta estrategia ha ayudado a la empresa a adaptarse y mantenerse relevante en un mercado tecnológico de rápida evolución.

Beneficios de una Visión Adaptativa en el Largo Plazo

Una visión adaptativa proporciona a las empresas la flexibilidad necesaria para evolucionar y prosperar a lo largo del tiempo. Este enfoque no solo mejora la capacidad de respuesta ante cambios inesperados, sino que también fortalece la resiliencia, fomenta la innovación continua y ayuda a construir una reputación sólida en el mercado.

1. Resiliencia y Capacidad de Recuperación

- **Fortaleza Frente a la Adversidad**: Las empresas con una visión adaptativa están mejor equipadas para enfrentar crisis y desafíos inesperados. Al contar con una cultura de adaptación, los equipos son capaces de actuar con rapidez y flexibilidad para superar la adversidad.

- **Preparación para el Futuro**: La adaptabilidad constante permite a las empresas prever y prepararse para posibles obstáculos. Esto las convierte en organizaciones resilientes que no solo sobreviven, sino que también prosperan en entornos de cambio.

- **Ejemplo Inspirador**: Lego es un ejemplo de resiliencia y capacidad de adaptación. La empresa danesa, conocida por sus bloques de construcción, ha superado múltiples crisis al innovar en sus productos, digitalizar sus experiencias y colaborar con marcas de entretenimiento, asegurando su relevancia en el mercado actual.

2. Relevancia y Competitividad Continua

- **Mantenerse Relevante en el Mercado**: La capacidad de adaptarse permite a las empresas anticiparse a las tendencias y mantenerse relevantes en un mercado competitivo. Al ajustar su enfoque y su oferta, pueden responder a las necesidades cambiantes de los consumidores.

- **Atraer y Retener Talento**: Una empresa con una visión adaptativa también es atractiva para los empleados. El talento valora las organizaciones que se caracterizan por la innovación y la flexibilidad, lo cual se traduce en una mayor retención y compromiso del equipo.

- **Ejemplo Inspirador**: Apple ha demostrado ser una empresa que constantemente redefine su oferta para mantenerse a la vanguardia de la tecnología. Con una visión de innovación constante, ha logrado retener su relevancia y mantenerse competitiva frente a la competencia global.

3. Crecimiento Sostenible y Reputación de Marca

- **Reputación de Flexibilidad y Liderazgo**: Las empresas que adoptan el cambio como parte de su visión ganan una reputación de flexibilidad y liderazgo en sus sectores. Esta reputación no solo atrae a los clientes, sino que también crea una imagen de marca resiliente y confiable.

- **Innovación como Motor de Crecimiento**: La visión adaptativa fomenta una cultura de innovación constante, lo cual impulsa el crecimiento sostenible. Al fomentar la innovación, las empresas no solo logran mantenerse vigentes, sino que también abren nuevas oportunidades de expansión.

- **Ejemplo Inspirador**: Microsoft ha sabido transformar su modelo de negocio y expandirse hacia la computación en la nube y la inteligencia artificial. Esta evolución ha fortalecido su reputación y le ha permitido crecer de manera sostenible, incluso en una industria tan competitiva como la tecnología.

Visión Empresarial y Adaptación al Cambio

Una visión empresarial clara y adaptativa es el motor que impulsa a una empresa a prosperar en un entorno de constante cambio. Este capítulo ha explorado cómo una visión sólida proporciona dirección y propósito, mientras que la capacidad de adaptación permite a la empresa responder a los desafíos y oportunidades que surgen en el camino. Cuando una organización combina una visión inspiradora con una cultura de flexibilidad, logra construir una base que le permite crecer de manera sostenible, mantener su relevancia en el mercado y resistir la incertidumbre del entorno empresarial.

Adaptarse no es simplemente una reacción al cambio, sino una elección consciente de evolucionar y mejorar. Las empresas que abrazan esta mentalidad no solo sobreviven, sino que prosperan, convirtiéndose en ejemplos de resiliencia, liderazgo e innovación.

Mensaje Final

En el mundo empresarial, los cambios son inevitables, pero una visión adaptativa es la herramienta que permite enfrentarlos con confianza. Cada desafío es una oportunidad para reafirmar el propósito de la empresa y para fortalecer su capacidad de evolucionar. Cuando una organización sabe hacia dónde va y es flexible en cómo llegar allí, puede navegar cualquier cambio con claridad y éxito. La adaptación no es una señal de debilidad, sino un reflejo de la fortaleza y la voluntad de crecer. Recuerda siempre que una visión sólida y flexible es la brújula que guiará a tu empresa hacia un futuro lleno de posibilidades.

STEVE JOBS:

"La innovación es lo que distingue a un líder de los demás."

ESQUEMA DEL CAPÍTULO 10

1. **Introducción al Compromiso Emocional y Ético en los Negocios**
   - Explica cómo el compromiso emocional y ético fortalece la relación con clientes, empleados y socios comerciales.
   - La importancia de ser una empresa que inspire tanto confianza como conexión emocional.

2. **Compromiso Emocional con los Clientes**
   - **Creación de Vínculos Emocionales**: Estrategias para conectar emocionalmente con los clientes y ganar su lealtad.
   - **Escuchar y Entender las Necesidades del Cliente**: Cómo una empresa comprometida emocionalmente responde a las necesidades profundas de sus clientes.
   - Ejemplos de marcas que han logrado crear una conexión emocional duradera con sus clientes.

3. **El Valor del Compromiso Ético con los Empleados**
   - **Promover un Ambiente Ético**: Cómo un compromiso ético genera confianza y motivación en el equipo.
   - **Inversión en el Bienestar y Desarrollo del Personal**: La importancia de tratar a los empleados con respeto y promover su crecimiento.
   - Ejemplo de empresas que son modelos de ética y cuidado hacia sus empleados.

4. **Estrategias para Construir un Compromiso Emocional y Ético**
   - **Acciones Tangibles que Reflejen Compromiso**: Cómo las acciones, más que las palabras, reflejan el compromiso emocional y ético de la empresa.

- **Transparencia y Responsabilidad Social:** Cómo la responsabilidad social y la ética empresarial generan confianza y respeto en el mercado.
- Ejemplos de prácticas responsables y éticas que fortalecen la reputación de una empresa.

5. Beneficios de un Compromiso Emocional y Ético en el Largo Plazo

- Discute los beneficios, como la lealtad de clientes, la retención de talento y una reputación sólida.
- Cómo una empresa con un compromiso ético y emocional se convierte en un referente en su sector.

6. La Importancia de Ser una Empresa con Propósito

- Reflexión sobre cómo el compromiso emocional y ético no solo fortalece las relaciones, sino que también le da un propósito genuino a la empresa.
- Inspiración para que los lectores integren estos valores en su organización.

Capítulo 10

EL VALOR DEL COMPROMISO EMOCIONAL Y ÉTICO

MAHATMA GANDHI:

"La ética es la base de las cosas y la verdad es la sustancia de toda moralidad"

En el mundo empresarial, el compromiso ético y emocional con clientes, empleados y socios comerciales es un valor esencial que fortalece la relación y genera confianza duradera. Una empresa que incorpora ética y emoción en su cultura va más allá de simples transacciones: se convierte en una organización de propósito, capaz de inspirar y conectar a nivel profundo con todas las personas que la rodean.

Este capítulo explora cómo el compromiso emocional y ético crea un vínculo genuino y significativo con los clientes, motiva a los empleados y establece una reputación sólida en el mercado. Desde el desarrollo de prácticas empresariales responsables hasta la creación de experiencias emotivas que inspiran lealtad, veremos cómo este compromiso añade valor a cada relación y se convierte en un diferencial que marca la diferencia en el éxito a largo plazo de una empresa.

Compromiso Emocional con los Clientes

El compromiso emocional es una herramienta poderosa que permite a las empresas conectar con sus clientes a un nivel más profundo. Cuando una empresa logra despertar emociones positivas en sus clientes, crea una relación basada en la confianza y la lealtad. Esta conexión emocional, además de diferenciar a la empresa en un mercado competitivo, inspira a los clientes a regresar y a recomendar la marca a otros.

1. Creación de Vínculos Emocionales

- **Humanizar la Marca**: Las empresas que humanizan su marca, mostrando empatía, transparencia y autenticidad, logran conectar emocionalmente con sus clientes. Un enfoque humano permite que los clientes sientan que la empresa entiende sus necesidades y se preocupa genuinamente por ellos.

- **Despertar Emociones Positivas**: Las experiencias memorables y emotivas, ya sea a través del servicio al cliente, la atención a los detalles o la entrega de un valor agregado, generan una conexión emocional. Estas experiencias fortalecen el vínculo y hacen que el cliente se sienta especial y valorado.

- **Ejemplo Inspirador**: La empresa Disney se destaca por crear una conexión emocional con sus clientes, ofreciendo experiencias inmersivas y personalizadas que despiertan emociones positivas. Disney no solo entrega entretenimiento, sino que construye recuerdos y momentos que sus clientes valoran profundamente.

2. Escuchar y Entender las Necesidades del Cliente

- **La Escucha Activa como Herramienta de Conexión**: Escuchar al cliente y entender sus necesidades no solo mejora la experiencia de servicio, sino que también ayuda a la empresa a crear una relación de confianza. La escucha activa permite personalizar el servicio y responder de manera precisa a las expectativas del cliente.

- **Anticiparse a las Necesidades**: Una empresa emocionalmente comprometida busca anticiparse a las necesidades de sus clientes. Esta proactividad demuestra interés genuino y genera una experiencia en la que el cliente siente que la empresa va un paso adelante.
- **Ejemplo Inspirador**: La cadena de hoteles Ritz-Carlton es conocida por su enfoque en la personalización y el entendimiento profundo de sus clientes. Sus empleados están capacitados para recordar detalles personales de cada huésped y ofrecer un servicio altamente personalizado, lo que crea una experiencia de lujo y exclusividad.

El Valor del Compromiso Ético con los Empleados

El compromiso ético hacia los empleados es fundamental para crear un entorno de trabajo positivo y productivo. Cuando una empresa actúa con ética y trata a su equipo con respeto y justicia, no solo fortalece su cultura interna, sino que también inspira lealtad y motivación. Un ambiente de trabajo basado en valores éticos genera empleados comprometidos y dedicados, lo cual impacta directamente en la calidad del servicio que ofrecen a los clientes.

1. Promover un Ambiente Ético

- **Practicar la Transparencia y el Respeto**: La transparencia en las políticas, la comunicación honesta y el respeto a los derechos de los empleados son fundamentales para construir un ambiente de trabajo ético. La empresa debe actuar de acuerdo con principios de equidad y respeto, asegurando un trato justo para todos.
- **Políticas de Diversidad e Inclusión**: Un compromiso ético incluye el reconocimiento y la valorización de la diversidad. Fomentar una cultura inclusiva en la que todos se sientan bienvenidos y respetados fortalece el ambiente de trabajo y genera un equipo diverso y creativo.
- **Ejemplo Inspirador**: Ben & Jerry's, la marca de helados, es conocida por sus políticas éticas hacia sus empleados. La empresa ha implementado políticas de equidad salarial y programas de apoyo para

empleados, creando una cultura en la que todos se sienten valorados y respetados.

2. Inversión en el Bienestar y Desarrollo del Personal

- **Promover el Bienestar Emocional y Físico**: Las empresas éticas se preocupan por el bienestar integral de sus empleados. Esto incluye no solo la seguridad física en el lugar de trabajo, sino también el bienestar emocional, proporcionando programas de apoyo y flexibilidad para promover un balance entre la vida personal y laboral.

- **Oportunidades de Crecimiento Profesional**: Un compromiso ético con los empleados incluye invertir en su desarrollo y crecimiento profesional. Ofrecer capacitación, oportunidades de avance y programas de desarrollo personal no solo mejora las habilidades del equipo, sino que también demuestra que la empresa valora a sus empleados como personas.

- **Ejemplo Inspirador**: Google es conocida por su inversión en el bienestar y el desarrollo de sus empleados. Además de beneficios como espacios recreativos y programas de bienestar, Google ofrece oportunidades de capacitación continua y crecimiento profesional, promoviendo un ambiente de respeto y desarrollo personal.

Estrategias para Construir un Compromiso Emocional y Ético

Para que el compromiso emocional y ético sea un valor fundamental en la empresa, es necesario poner en práctica estrategias claras que reflejen estos principios. Estas acciones no solo fortalecen la relación con clientes y empleados, sino que también construyen una reputación sólida y confiable en el mercado.

1. Acciones Tangibles que Reflejen Compromiso

- **Demostrar el Compromiso a través de las Acciones**: Las palabras tienen valor, pero las acciones tangibles generan un impacto duradero. Desde políticas inclusivas hasta prácticas de atención personalizada, cada acción refleja el compromiso de la empresa y respalda su ética y valores.

- **Reconocimiento y Apoyo Constante**: Reconocer los logros de los empleados y los aportes de los clientes fortalece la relación y demuestra que la empresa realmente valora a las personas que interactúan con ella. Un programa de reconocimiento y recompensas fomenta el compromiso mutuo.

- **Ejemplo Inspirador**: Patagonia, la empresa de ropa outdoor, es conocida por sus acciones tangibles hacia la sostenibilidad y el bienestar de sus empleados. Desde el uso de materiales sostenibles hasta políticas laborales éticas, Patagonia demuestra su compromiso ético a través de sus prácticas diarias.

2. Transparencia y Responsabilidad Social

- **Ser Transparente con Clientes y Empleados**: La transparencia en la comunicación es un componente esencial del compromiso ético. Informar sobre decisiones y mantener a todos los involucrados al tanto de los cambios refuerza la confianza en la empresa y muestra una actitud honesta y abierta.

- **Involucrarse en la Responsabilidad Social**: Las empresas que se preocupan por su comunidad y el medio ambiente reflejan un compromiso ético profundo. Participar en actividades de responsabilidad social, donaciones o voluntariado no solo ayuda a la sociedad, sino que también genera un impacto positivo en la percepción de la empresa.

- **Ejemplo Inspirador**: TOMS, la empresa de calzado, ha integrado la responsabilidad social en su modelo de negocio. A través de su iniciativa "One for One," TOMS dona un par de zapatos por cada par vendido, lo que ha generado un fuerte vínculo emocional con sus clientes y una imagen de marca responsable.

3. Fomentar la Ética y el Compromiso en Cada Nivel de la Organización

- **Capacitación en Ética y Valores**: Educar a los empleados sobre los valores y el código de ética de la empresa asegura que cada miembro del equipo actúe en línea con los principios fundamentales de la organización. Esto no solo fortalece la ética interna, sino que también crea una cultura de respeto.

- **Liderazgo Ejemplar**: Los líderes deben ser los primeros en actuar de acuerdo con los valores éticos de la empresa. Su comportamiento y compromiso son el ejemplo que inspira a los empleados y refuerza el compromiso ético de toda la organización.

- **Ejemplo Inspirador**: Johnson & Johnson mantiene un sólido enfoque en la ética empresarial. Sus líderes son capacitados para actuar como modelos de conducta, siguiendo un credo corporativo que enfatiza el bienestar de sus clientes, empleados y la comunidad.

Beneficios de un Compromiso Emocional y Ético en el Largo Plazo

El compromiso emocional y ético con clientes, empleados y la comunidad genera beneficios duraderos que fortalecen la posición de la empresa en el mercado y refuerzan su reputación. Este enfoque no solo es una estrategia de diferenciación, sino una base para el crecimiento sostenible y la lealtad a largo plazo.

1. Lealtad y Recomendaciones de Clientes

- **Fidelidad de Clientes**: Cuando los clientes perciben una relación auténtica y ética con una empresa, es más probable que regresen y mantengan una relación a largo plazo. Esta lealtad va más allá de las transacciones, ya que se basa en la confianza y en el respeto mutuo.

- **Generación de Promotores de Marca**: Los clientes satisfechos y emocionalmente conectados actúan como embajadores de la marca. Recomiendan la empresa a sus amigos, familiares y redes, lo que genera una forma de marketing orgánico sumamente valiosa.

- **Ejemplo Inspirador**: Nike, a través de su compromiso con causas sociales y deportivas, ha generado una lealtad intensa entre sus clientes. Su enfoque en temas de responsabilidad social, combinado con la conexión emocional con sus seguidores, ha consolidado su imagen como una marca auténtica y comprometida.

2. Retención y Motivación de los Empleados

- **Mayor Retención de Talento**: Las empresas éticas y emocionalmente comprometidas atraen y retienen talento de calidad. Los empleados se sienten valorados y respetados, lo cual reduce la rotación y promueve un ambiente de trabajo estable y productivo.
- **Aumento de la Productividad**: Un equipo motivado y comprometido trabaja con mayor dedicación y eficiencia. Los empleados que sienten un fuerte compromiso ético y emocional hacia la empresa son más propensos a esforzarse y contribuir de manera significativa.
- **Ejemplo Inspirador**: Salesforce es conocida por su enfoque en el bienestar de sus empleados y su cultura de responsabilidad social. Gracias a su compromiso ético, ha logrado retener talento de alta calidad y construir un equipo que comparte sus valores y propósito.

3. Reputación de Marca y Resiliencia

- **Reputación Positiva en el Mercado**: Una empresa con un compromiso ético y emocional genera una percepción positiva en el mercado. Este tipo de reputación es una ventaja competitiva, ya que atrae a clientes y socios que valoran la integridad y la responsabilidad.
- **Resiliencia ante Crisis**: La confianza que los clientes y empleados tienen en una empresa ética y emocionalmente comprometida facilita la recuperación durante tiempos difíciles. Una reputación sólida y un compromiso genuino actúan como un "escudo" ante posibles crisis, permitiendo a la empresa navegar momentos de adversidad con mayor estabilidad.

- **Ejemplo Inspirador**: Johnson & Johnson, gracias a su fuerte reputación ética y a su enfoque en el bienestar, logró superar la crisis de Tylenol en la década de 1980 y se recuperó con una reputación incluso más sólida.

El Valor del Compromiso Emocional y Ético

El compromiso emocional y ético es mucho más que una estrategia comercial; es una filosofía que sitúa a las personas en el centro de la organización. Este capítulo ha mostrado cómo una relación genuina y basada en principios éticos con clientes, empleados y la comunidad puede generar lealtad duradera, fortalecer la reputación de la marca y construir una base sólida para el crecimiento sostenible. Una empresa que actúa con ética y se esfuerza por conectar emocionalmente no solo logra ser recordada, sino también respetada y recomendada.

Este compromiso es una fuerza poderosa en el mundo empresarial. Los clientes y empleados no solo valoran lo que una empresa hace, sino también por qué lo hace. Cuando una empresa demuestra que se preocupa tanto por su impacto como por sus beneficios, se convierte en un referente, capaz de inspirar y de dejar una huella positiva en su sector.

Mensaje Final

El compromiso emocional y ético es el pilar de toda empresa que aspire a un éxito duradero. No se trata solo de generar ganancias, sino de crear relaciones de valor y de actuar con integridad en cada decisión. Recuerda siempre que las empresas que logran conectar emocionalmente y actuar con ética son aquellas que dejan una marca auténtica en el mundo. No importa el tamaño de tu negocio, si actúas con principios y compromiso, siempre podrás contar con el respaldo de aquellos que valoran y creen en lo que haces.

ESQUEMA DEL CAPÍTULO 11

1. **Introducción a los Desafíos del Emprendimiento**
   - Reflexiona sobre los desafíos naturales de emprender y cómo los obstáculos forman parte del camino hacia el éxito.
   - La importancia de la resiliencia y la capacidad de enfrentar los desafíos como oportunidades de aprendizaje y crecimiento.

2. **Desafío 1: La Inseguridad Financiera**
   - **Administrar Recursos Limitados**: Cómo los emprendedores pueden enfrentar la incertidumbre financiera y aprender a maximizar recursos.
   - **Buscar Apoyo Financiero Inteligente**: Opciones para asegurar el capital necesario, como inversionistas, préstamos y financiamiento colectivo.
   - Ejemplo de emprendedores que superaron obstáculos financieros y lograron establecer negocios exitosos.

3. **Desafío 2: Miedo al Fracaso**
   - **Superar el Miedo al Error**: Cómo transformar el miedo al fracaso en una herramienta para el aprendizaje.
   - **Aceptación del Fracaso como Parte del Proceso**: Ejemplos de emprendedores que fallaron antes de encontrar el éxito y cómo sus errores los fortalecieron.
   - Estrategias para enfrentar el miedo al fracaso y avanzar con confianza.

4. **Desafío 3: Equilibrio entre Trabajo y Vida Personal**
   - **Gestionar el Tiempo y el Estrés**: Consejos para equilibrar las exigencias del negocio con el bienestar personal.

- **Delegar y Construir un Equipo de Apoyo**: La importancia de rodearse de un equipo confiable y aprender a delegar.
- Ejemplo de emprendedores que han logrado equilibrar su vida personal y profesional.

5. **Estrategias para Enfrentar Desafíos en el Emprendimiento**
   - **Desarrollar Resiliencia y Adaptabilidad**: Estrategias para mantener una mentalidad fuerte y positiva frente a los desafíos.
   - **Buscar Mentores y Apoyo**: Cómo la guía de mentores y la red de contactos pueden ayudar a superar los obstáculos.
   - Ejemplo de emprendedores que se han apoyado en redes de mentores y han superado adversidades.

6. **Los Desafíos como Motor de Crecimiento**
   - Reflexión sobre cómo los obstáculos y desafíos son una fuente de aprendizaje y crecimiento para todo emprendedor.
   - Inspiración para que los lectores vean cada desafío como una oportunidad para fortalecer sus habilidades y visión.

Capítulo 11

DESAFÍOS Y OBSTÁCULOS EN EL EMPRENDIMIENTO

Thomas Edison

He encontrado 10,000 maneras que no funcionan."

"No he fallado"

Emprender es un camino lleno de retos y obstáculos. Cada desafío trae consigo la oportunidad de aprender, adaptarse y fortalecerse. Para los emprendedores, los fracasos no son el final del camino, sino pasos necesarios que les enseñan valiosas lecciones. Enfrentar los desafíos con la mentalidad de Edison—viendo cada obstáculo como una experiencia de aprendizaje—es lo que permite superar las barreras y acercarse al éxito.

Este capítulo explora algunos de los desafíos más comunes en el emprendimiento, desde la incertidumbre financiera hasta el miedo al fracaso y la búsqueda de equilibrio personal. A medida que avancemos, descubrirás estrategias y ejemplos inspiradores de emprendedores que han convertido sus fracasos en peldaños hacia el logro de sus sueños. Al final, verás cómo cada desafío puede transformarse en un motor de crecimiento y en una herramienta para el éxito.

La Inseguridad Financiera

La inseguridad financiera es uno de los desafíos más comunes y significativos que enfrentan los emprendedores. Empezar un negocio con recursos limitados y sin una estabilidad económica garantizada puede generar incertidumbre y estrés. Sin embargo, aquellos que aprenden a gestionar sus recursos con creatividad y buscan opciones de financiamiento estratégicas logran superar este obstáculo y construir una base sólida para el crecimiento de su empresa.

1. Administrar Recursos Limitados

- **Optimización de Gastos**: Para maximizar los recursos, es importante identificar las áreas en las que se pueden reducir costos sin sacrificar la calidad del producto o servicio. La planificación cuidadosa del presupuesto ayuda a aprovechar cada recurso al máximo.

- **Control Financiero y Ahorro**: Llevar un control financiero detallado permite evitar gastos innecesarios y generar un fondo de reserva para enfrentar imprevistos. Esta disciplina en la administración del dinero es fundamental para la supervivencia del negocio.

- **Ejemplo Inspirador**: Jeff Bezos, fundador de Amazon, comenzó su empresa en un pequeño garaje, y su enfoque en la optimización de recursos fue clave para el crecimiento inicial de la compañía. Bezos aplicó estrategias financieras rigurosas y mantuvo un control preciso de los gastos en los primeros años de Amazon.

2. Buscar Apoyo Financiero Inteligente

- **Inversión y Capital Inicial**: Para algunos emprendedores, buscar inversores puede ser una forma de conseguir el capital necesario. Asegurarse de que el inversor comparta la visión y valores de la empresa es esencial para una relación exitosa.

- **Explorar Opciones de Financiamiento Alternativo**: El financiamiento colectivo (crowdfunding), los préstamos empresariales y las incubadoras de startups son opciones que pueden proporcionar fondos sin comprometer la independencia de la empresa.

- **Ejemplo Inspirador**: La empresa Oculus VR, creadora de Oculus Rift, recurrió al crowdfunding en Kickstarter para financiar sus primeros prototipos. Al captar el interés de la comunidad, logró recaudar los fondos necesarios para avanzar y, eventualmente, fue adquirida por Facebook.

Miedo al Fracaso

El miedo al fracaso es un obstáculo emocional que muchos emprendedores enfrentan. Este miedo puede ser paralizante y hacer que los emprendedores duden de sus decisiones, retrasen acciones o incluso abandonen sus proyectos. Sin embargo, el fracaso es una parte fundamental del proceso de aprendizaje. Al cambiar la perspectiva y ver los errores como experiencias valiosas, los emprendedores pueden superar el miedo y avanzar con confianza en su camino.

1. Superar el Miedo al Error

- **Aceptar la Imperfección**: Entender que el camino del emprendimiento es imperfecto ayuda a reducir el miedo al fracaso. Al reconocer que los errores son inevitables, los emprendedores se preparan mentalmente para enfrentar y aprender de ellos.

- **Convertir el Fracaso en Oportunidad de Crecimiento**: Cada error es una oportunidad para identificar áreas de mejora y fortalecer habilidades. Al analizar cada situación, los emprendedores pueden convertir el fracaso en una fuente de crecimiento personal y profesional.

- **Ejemplo Inspirador**: Sara Blakely, fundadora de Spanx, fue rechazada múltiples veces antes de lograr el éxito. Su capacidad para transformar los fracasos en motivación y su disposición para aprender de ellos fueron claves en su camino hacia la creación de una marca multimillonaria.

2. Aceptación del Fracaso como Parte del Proceso

- **Desarrollar Resiliencia Emocional**: La resiliencia es la habilidad de recuperarse de los fracasos. Al desarrollar una mentalidad fuerte y aceptar que el fracaso forma parte del emprendimiento, los emprendedores son capaces de superar los momentos difíciles y seguir adelante.

- **Aprender de Otros Emprendedores**: Escuchar historias de empresarios que enfrentaron el fracaso ayuda a normalizar esta experiencia. Los emprendedores exitosos suelen compartir sus errores y el aprendizaje que estos les dejaron, demostrando que el fracaso es una etapa temporal y superable.

- **Ejemplo Inspirador**: Walt Disney enfrentó el rechazo y la bancarrota en varias ocasiones antes de construir su imperio de entretenimiento. Su persistencia y su capacidad para aprender de sus fracasos lo llevaron a convertirse en uno de los empresarios más influyentes del mundo.

Equilibrio entre Trabajo y Vida Personal

El emprendimiento suele demandar largas horas de dedicación, sacrificio y energía, lo cual puede afectar la vida personal y el bienestar emocional. Mantener un equilibrio entre el trabajo y la vida personal es fundamental para evitar el agotamiento y asegurar una visión clara y saludable en el largo plazo. Los emprendedores que logran establecer límites y cuidar de su bienestar son más resilientes y están mejor preparados para enfrentar los desafíos.

1. Gestionar el Tiempo y el Estrés

- **Establecer Horarios y Prioridades**: Crear un horario estructurado y priorizar las tareas más importantes permite administrar el tiempo de manera eficiente. Esta organización ayuda a evitar el desgaste y a mantener una vida equilibrada.

- **Prácticas para Reducir el Estrés**: Actividades como el ejercicio, la meditación y el descanso adecuado son esenciales para reducir el estrés y mantener la motivación. Un emprendedor que cuida de su salud física y mental tiene mayor energía y claridad para tomar decisiones.

- **Ejemplo Inspirador**: Arianna Huffington, fundadora de The Huffington Post, aboga por la importancia del descanso y el autocuidado para evitar el agotamiento. Tras una experiencia personal de agotamiento extremo, decidió promover prácticas de bienestar en su empresa y en su vida.

2. Delegar y Construir un Equipo de Apoyo

- **Delegación Eficiente**: Aprender a delegar es clave para reducir la carga de trabajo. Al confiar en un equipo capaz, el emprendedor puede dedicar tiempo a otras áreas importantes, tanto en el negocio como en su vida personal.

- **Construir un Equipo de Confianza**: Rodearse de personas con habilidades complementarias y un compromiso compartido permite dividir responsabilidades y trabajar de manera colaborativa. Un equipo sólido respalda al emprendedor y contribuye al equilibrio en el trabajo.

- **Ejemplo Inspirador**: Richard Branson, fundador de Virgin Group, es conocido por su habilidad para delegar. Al confiar en su equipo y empoderar a sus líderes, ha logrado mantener una vida equilibrada y disfrutar de proyectos y actividades personales mientras dirige un imperio global.

Estrategias para Enfrentar Desafíos en el Emprendimiento

Cada desafío en el camino del emprendimiento puede convertirse en una oportunidad para fortalecer la visión, la resiliencia y las habilidades. Contar con estrategias adecuadas permite a los emprendedores enfrentar obstáculos con mayor confianza y eficacia. Las siguientes prácticas ayudan a desarrollar una mentalidad resiliente y a encontrar el apoyo necesario para superar cualquier adversidad.

1. Desarrollar Resiliencia y Adaptabilidad
    - **Aceptar el Cambio como Parte del Proceso**: El emprendimiento está lleno de cambios y sorpresas. Al desarrollar una mentalidad abierta y adaptable, los emprendedores pueden ver el cambio como una oportunidad para innovar y crecer.
    - **Practicar la Paciencia y la Perseverancia**: La resiliencia se fortalece al recordar que el éxito no ocurre de la noche a la mañana. La paciencia y la perseverancia ayudan a mantener la motivación y el enfoque a largo plazo, incluso en momentos de adversidad.
    - **Ejemplo Inspirador**: Elon Musk, CEO de SpaceX y Tesla, ha enfrentado múltiples crisis y contratiempos en sus proyectos. Su resiliencia y capacidad de adaptación le han permitido perseverar y llevar a cabo proyectos que han revolucionado sus industrias.

2. Buscar Mentores y Apoyo
    - **Red de Mentores**: Contar con la guía de personas con experiencia en el sector ayuda a los emprendedores a evitar errores comunes y a aprender de quienes han enfrentado desafíos similares. Los mentores ofrecen una perspectiva externa y pueden ser una fuente de inspiración y conocimiento.
    - **Apoyo de la Comunidad y Red de Contactos**: Rodearse de personas con intereses y valores similares crea una red de apoyo en momentos difíciles. La comunidad de emprendedores comparte experiencias, recursos y conexiones, fortaleciendo así el espíritu de colaboración.
    - **Ejemplo Inspirador**: Reid Hoffman, cofundador de LinkedIn, atribuye gran parte de su éxito al apoyo de su red de contactos y a los mentores que lo ayudaron en sus primeras etapas. Su filosofía de colaboración y aprendizaje constante lo ha convertido en uno de los emprendedores más influyentes en el ámbito de las redes profesionales.

Desafíos y Obstáculos en el Emprendimiento

Cada desafío en el emprendimiento es una oportunidad para fortalecer habilidades, aprender y crecer. Este capítulo ha mostrado cómo los obstáculos, desde la inseguridad financiera y el miedo al fracaso hasta el equilibrio entre trabajo y vida personal, son etapas necesarias en el camino hacia el éxito. Al enfrentar estos retos con una mentalidad resiliente, aprender a delegar y rodearse de mentores y una red de apoyo, los emprendedores se convierten en líderes más fuertes y preparados para afrontar cualquier adversidad.

Los desafíos no son el fin del camino, sino parte de él. A través de cada prueba, el emprendedor se forja y gana la experiencia necesaria para construir una empresa sólida y con propósito. Enfrentar las dificultades es una demostración de compromiso con la visión y la pasión que impulsa el emprendimiento.

Mensaje Final

Emprender no es fácil, pero los obstáculos que encuentras en el camino te preparan para alcanzar metas aún más grandes. Cada desafío que enfrentas y superas te convierte en un emprendedor más fuerte y resiliente. Recuerda siempre que los fracasos son aprendizajes disfrazados y que, con cada paso que das hacia adelante, estás más cerca de hacer realidad tus sueños. El camino del emprendimiento está lleno de retos, pero también de recompensas que solo aquellos que perseveran son capaces de alcanzar.

OPRAH WINFREY:

"Donde no hay lucha, no hay fuerza."

ESQUEMA DEL CAPÍTULO 12

1. Introducción a la Importancia de los Promotores de Marca
   - Explica cómo los clientes leales que se convierten en promotores de marca impulsan el crecimiento orgánico y la reputación.
   - La diferencia entre clientes satisfechos y clientes que recomiendan activamente la marca.

2. Crear una Experiencia de Cliente Excepcional
   - **Superar las Expectativas**: La importancia de ir más allá de lo esperado para crear experiencias memorables.
   - **Personalización y Atención al Cliente**: Cómo entender y atender las necesidades individuales fortalece la relación y fomenta la lealtad.
   - Ejemplo de empresas que destacan por sus experiencias de cliente excepcionales.

3. Construir Relaciones de Valor con los Clientes
   - **Fomentar la Confianza y la Transparencia**: La confianza como base para una relación duradera y significativa con el cliente.
   - **Mostrar Gratitud y Reconocimiento**: Reconocer y recompensar a los clientes por su lealtad genera una conexión emocional más fuerte.
   - Ejemplo de empresas que aplican estrategias de fidelización efectivas.

4. Aprovechar el Poder de las Reseñas y Recomendaciones
   - **Incentivar las Reseñas Positivas**: Estrategias para motivar a los clientes satisfechos a compartir sus experiencias en plataformas públicas.
   - **Gestionar las Reseñas con Eficiencia**: Cómo responder a las críticas de manera profesional fortalece la imagen de marca y muestra compromiso con la mejora continua.

- Ejemplo de empresas que han creado redes de promotores mediante recomendaciones.

5. Beneficios de Transformar Clientes en Promotores

- Discute los beneficios de contar con una base de promotores leales, como el marketing de boca a boca, el aumento de clientes potenciales y la reducción de costos de adquisición.
- Cómo los promotores fortalecen la reputación y generan una comunidad alrededor de la marca.

6. El Valor de los Promotores como Aliados del Crecimiento

- Reflexión sobre cómo los clientes que se convierten en promotores son un recurso invaluable para la sostenibilidad de la empresa.
- Inspiración para que los lectores inviertan en crear experiencias significativas y construir relaciones de valor con sus clientes.

Capítulo 12

TRANSFORMANDO CLIENTES EN PROMOTORES

Maya Angelou

"La gente olvidará lo que dijiste, olvidará lo que hiciste, pero nunca olvidará cómo los hiciste sentir."

En el ámbito empresarial, un cliente satisfecho es valioso, pero un cliente convertido en promotor de la marca es invaluable. Los clientes que sienten una conexión profunda con la empresa no solo regresan, sino que recomiendan activamente los productos o servicios, generando un crecimiento orgánico y una reputación sólida. Cuando una empresa se enfoca en crear experiencias que toquen emocionalmente a sus clientes, logra una lealtad que va más allá de una simple transacción.

Este capítulo explora las estrategias para transformar a los clientes en promotores leales. Desde crear experiencias excepcionales hasta construir relaciones de confianza y alentar las recomendaciones, veremos cómo algunas empresas han convertido su base de clientes en su principal fuente de crecimiento. Al final, descubrirás que el verdadero éxito radica en hacer sentir a tus clientes que forman parte de algo especial y en fortalecer el vínculo que los une con tu marca.

Crear una Experiencia de Cliente Excepcional

Para que un cliente se convierta en promotor, necesita vivir una experiencia que supere sus expectativas y se convierta en un recuerdo positivo. Una experiencia excepcional no solo deja una impresión duradera, sino que también crea un vínculo emocional que inspira al cliente a recomendar la marca a otros. Al ofrecer un servicio excepcional, las empresas construyen la base de una lealtad duradera y promueven el marketing de boca a boca.

1. Superar las Expectativas

- **Ir Más Allá del Servicio Básico**: Proveer un excelente producto o servicio es solo el comienzo; la clave está en agregar detalles que hagan la experiencia memorable. Esta puede ser una atención personalizada, una sorpresa o un detalle adicional que demuestre que la empresa valora al cliente.

- **Personalización y Sorpresas Positivas**: Un toque personalizado hace que el cliente se sienta especial. Desde recordar sus preferencias hasta ofrecer una pequeña sorpresa, estos detalles adicionales generan una conexión emocional y refuerzan la percepción de valor.

- **Ejemplo Inspirador**: La cadena de hoteles Four Seasons es conocida por ir más allá de las expectativas. Sus empleados están capacitados para prestar atención a los detalles y proporcionar una experiencia personalizada a cada huésped, generando una fidelidad y lealtad que transforman a los clientes en promotores.

2. Personalización y Atención al Cliente

- **Comprender las Necesidades Individuales**: Entender y atender las necesidades específicas de cada cliente demuestra un verdadero compromiso con su satisfacción. La atención personalizada permite ajustar la experiencia de acuerdo con las preferencias del cliente, generando una relación de confianza.

- **Capacitar al Equipo para la Empatía**: El equipo de atención al cliente debe estar capacitado para escuchar, empatizar y responder adecuadamente a las preocupaciones de los clientes. Una atención empática y personalizada crea una experiencia agradable y memorable.

- **Ejemplo Inspirador**: Amazon se destaca por su enfoque en la atención al cliente y la personalización. Con algoritmos de recomendación y un servicio al cliente disponible en cualquier momento, Amazon hace que cada cliente se sienta valorado, lo que ha sido clave para fidelizar a millones de usuarios.

Construir Relaciones de Valor con los Clientes

Para que un cliente se convierta en promotor, es esencial construir una relación de valor que vaya más allá de la transacción. Las relaciones duraderas se basan en la confianza, la transparencia y un sentido de gratitud mutua. Cuando un cliente siente que la empresa realmente se preocupa por su bienestar, se fortalece la lealtad y el deseo de recomendar la marca a otros.

1. Fomentar la Confianza y la Transparencia

- **Actuar con Honestidad y Claridad**: La transparencia en la comunicación genera confianza. Ser honesto sobre políticas, precios y cualquier cambio ayuda a que los clientes perciban a la empresa como confiable y comprometida con su bienestar.

- **Mantener la Coherencia en el Servicio**: La consistencia en la experiencia del cliente es clave para construir una relación de confianza. Cada interacción, desde la primera compra hasta el servicio postventa, debe reflejar los valores de la empresa y su compromiso con la calidad.

- **Ejemplo Inspirador**: Patagonia, la marca de ropa outdoor, ha ganado la confianza de sus clientes a través de su compromiso con la transparencia y la sostenibilidad. Al comunicar claramente sus prácticas de producción y su misión ambiental, Patagonia ha construido una relación sólida con una base leal de clientes que confían en la marca.

2. Mostrar Gratitud y Reconocimiento

- **Reconocer a los Clientes Leales**: Mostrar gratitud hacia los clientes leales refuerza la relación y hace que los clientes se sientan apreciados. Programas de recompensas, descuentos exclusivos y mensajes de agradecimiento son formas efectivas de expresar gratitud.

- **Crear Experiencias de Valor Exclusivas**: Ofrecer a los clientes leales oportunidades únicas, como acceso anticipado a nuevos productos o eventos especiales, fortalece la conexión emocional y los hace sentir parte de una comunidad exclusiva.

- **Ejemplo Inspirador**: Starbucks ha implementado un programa de lealtad en el que los clientes frecuentes reciben beneficios exclusivos y recompensas por cada compra. Este programa no solo muestra gratitud, sino que también motiva a los clientes a regresar y a promover la marca entre sus conocidos.

Aprovechar el Poder de las Reseñas y Recomendaciones

Las reseñas y recomendaciones son herramientas poderosas para construir una reputación sólida y atraer nuevos clientes. Cuando los clientes actuales comparten sus experiencias positivas, transmiten credibilidad y confianza a potenciales compradores. Una empresa que fomenta y gestiona eficientemente las reseñas logra que sus clientes se conviertan en una extensión de su equipo de marketing.

1. Incentivar las Reseñas Positivas

- **Solicitar Reseñas de Forma Amigable**: Invitar a los clientes a compartir sus experiencias en plataformas públicas ayuda a construir una base de opiniones que pueden influir en la decisión de compra de futuros clientes. Un mensaje personalizado o un recordatorio tras una compra pueden motivar a los clientes a dejar una reseña.

- **Ofrecer Beneficios por Reseñas**: Algunos negocios optan por ofrecer beneficios, como descuentos o promociones, para incentivar las reseñas. Estas recompensas pueden ser una motivación adicional para que los clientes compartan sus experiencias y actúen como promotores de la marca.

- **Ejemplo Inspirador**: TripAdvisor ha construido una red de promotores al incentivar las reseñas entre viajeros. Su sistema de recompensas y clasificación fomenta la participación de los usuarios, quienes comparten sus experiencias y ayudan a otros a tomar decisiones informadas.

2. Gestionar las Reseñas con Eficiencia

- **Responder a las Opiniones de los Clientes**: Responder a las reseñas, tanto positivas como negativas, muestra que la empresa valora la opinión de sus clientes y se compromete con la mejora continua. Una respuesta amable y profesional fortalece la imagen de la empresa y genera confianza.

- **Aprovechar la Retroalimentación para Mejorar**: Las reseñas son una fuente invaluable de información sobre las fortalezas y áreas de mejora de la empresa. Al analizar esta retroalimentación y aplicar los cambios necesarios, la empresa demuestra su compromiso con la satisfacción del cliente.

- **Ejemplo Inspirador**: Airbnb es un ejemplo de una empresa que gestiona de manera eficiente las reseñas y la retroalimentación de sus usuarios. La empresa utiliza las opiniones de huéspedes y anfitriones para mejorar continuamente su plataforma y su servicio, creando un entorno de confianza y responsabilidad.

Beneficios de Transformar Clientes en Promotores

Los clientes que se convierten en promotores no solo generan recomendaciones positivas, sino que también impulsan el crecimiento orgánico de la empresa y fortalecen su reputación. Este grupo de clientes leales se convierte en un activo valioso que atrae nuevos consumidores y reduce los costos de adquisición. Los beneficios de contar con una base de promotores son numerosos y tienen un impacto significativo en el éxito y la sostenibilidad del negocio.

1. Marketing de Boca a Boca y Aumento de Clientes Potenciales

- **Recomendaciones Orgánicas**: Los clientes que actúan como promotores comparten sus experiencias positivas con amigos, familiares y colegas, lo que genera una fuente confiable de publicidad gratuita. Este tipo de marketing boca a boca es percibido como auténtico y confiable.

- **Incremento en la Base de Clientes**: Las recomendaciones de los promotores atraen clientes potenciales que ya tienen una imagen positiva de la marca. Al llegar con referencias positivas, estos nuevos clientes están más dispuestos a probar y confiar en el producto o servicio.

- **Ejemplo Inspirador**: Apple ha construido una sólida base de promotores que no solo son fieles a la marca, sino que también recomiendan activamente sus productos. Esta red de clientes leales ha sido fundamental para su crecimiento y popularidad global.

2. Reducción de Costos de Adquisición

- **Clientes Recurrentes y Fidelizados**: Al contar con una base de promotores, la empresa disminuye la necesidad de invertir constantemente en estrategias de adquisición de nuevos clientes. Los promotores no solo regresan, sino que también impulsan la lealtad y contribuyen al flujo de ingresos estable.

- **Impacto en la Eficiencia del Marketing**: Los promotores contribuyen a la visibilidad de la marca, lo que permite que los recursos de marketing se utilicen de manera más estratégica. Esto libera recursos para ser invertidos en otras áreas de la empresa o en programas de fidelización.

- **Ejemplo Inspirador**: Netflix ha logrado reducir sus costos de adquisición al construir una base sólida de promotores que recomienda el servicio. Con su enfoque en la personalización y en la experiencia del usuario, Netflix ha creado una red de clientes leales que impulsan el crecimiento orgánico.

3. **Fortalecimiento de la Reputación y Creación de Comunidad**
   - **Reputación Sólida y Credibilidad**: Los clientes que actúan como promotores fortalecen la reputación de la empresa, ya que sus testimonios sirven como validación de la calidad del producto o servicio. Esto crea una percepción positiva que atrae a más consumidores.
   - **Construcción de una Comunidad en Torno a la Marca**: Los promotores pueden crear una comunidad alrededor de la empresa, generando un ambiente de apoyo y fidelidad. Este sentido de pertenencia fomenta relaciones duraderas entre los clientes y la marca.
   - **Ejemplo Inspirador**: Harley-Davidson ha construido una comunidad de clientes promotores a través de su enfoque en la experiencia y la identidad de marca. Los clientes no solo compran motocicletas, sino que también se convierten en parte de una comunidad unida y apasionada, lo que refuerza la lealtad y la identidad de la marca.

Transformando Clientes en Promotores

Convertir a los clientes en promotores de marca es un proceso que requiere dedicación, consistencia y un enfoque auténtico en la experiencia del cliente. Este capítulo ha mostrado cómo, a través de experiencias excepcionales, relaciones de valor, incentivos para las recomendaciones y una gestión efectiva de las reseñas, las empresas pueden transformar a sus clientes en defensores leales de la marca. Los promotores no solo generan nuevas oportunidades de negocio, sino que también fortalecen la reputación y el crecimiento orgánico de la empresa, convirtiéndose en aliados invaluables para su sostenibilidad.

Invertir en la creación de promotores significa ver a los clientes como socios en la misión de la empresa. Al ofrecer un valor genuino y demostrar gratitud, se forjan relaciones duraderas que trascienden la simple transacción y contribuyen al éxito a largo plazo.

Mensaje Final

Cada cliente tiene el potencial de convertirse en un embajador de la marca y en un promotor entusiasta de lo que representa. Recuerda siempre que los clientes no solo buscan un producto o servicio, sino una experiencia que los inspire y los haga sentir valorados. Al cuidar cada detalle de su experiencia y al fomentar relaciones basadas en la confianza y el respeto, tu empresa puede construir una red de promotores que impulsen su crecimiento y que compartan su pasión con el mundo.

Sam Walton

"Existen solo dos tipos de clientes:

los que regresan y los que no. Haz todo lo que esté en tus manos para convertir a los primeros en promotores de tu negocio."

ESQUEMA DEL CAPÍTULO 13

1. Introducción al Legado y Patrimonio Familiar
   - Reflexiona sobre el valor de construir un negocio con un propósito que trascienda generaciones y que fortalezca el legado familiar.
   - La importancia de la visión a largo plazo en la creación de un patrimonio sólido y sostenible.

2. La Construcción de un Legado Familiar en los Negocios
   - **Definir los Valores Fundamentales**: La importancia de establecer principios claros que guíen la empresa y se transmitan a las futuras generaciones.
   - **Desarrollar una Cultura de Propósito**: Cómo una misión inspiradora crea una base sólida que fortalece el compromiso familiar y la continuidad del negocio.
   - Ejemplo de negocios familiares que han mantenido su legado a lo largo del tiempo.

3. Estrategias para Preservar el Patrimonio Familiar
   - **Planificación de la Sucesión**: La importancia de preparar a las futuras generaciones para que asuman la dirección del negocio.
   - **Inversión en el Crecimiento y la Innovación**: Cómo equilibrar la conservación del patrimonio con la necesidad de innovar y adaptarse a los cambios del mercado.
   - Ejemplo de empresas familiares que han implementado estrategias de sucesión y crecimiento exitosas.

4. La Transmisión de Valores y el Rol de las Nuevas Generaciones

- **Involucrar a las Nuevas Generaciones**: Estrategias para interesar a los descendientes en el negocio familiar y en los valores que lo sustentan.
- **Adaptación a los Cambios y Respeto por la Historia**: Cómo las nuevas generaciones pueden introducir innovación sin perder la esencia y el legado familiar.
- Ejemplo de empresas que han logrado un balance entre tradición e innovación.

5. Beneficios de un Negocio Familiar con Legado

- Discute los beneficios, como la estabilidad, el compromiso de los familiares y el orgullo compartido en la continuidad del negocio.
- Cómo un negocio con propósito y legado crea un impacto positivo en la comunidad y en las generaciones futuras.

6. La Construcción de un Legado como Misión Familiar

- Reflexión sobre cómo la creación de un legado y la preservación del patrimonio familiar son una fuente de propósito y trascendencia.
- Inspiración para que los lectores vean su negocio como un legado duradero que se convierte en un activo valioso para la familia y la sociedad.

Capítulo 13

LEGADO Y PATRIMONIO FAMILIAR EN EL NEGOCIO

Richard Branson

"Nunca construyas una empresa pensando en dejar un negocio. Construye un legado."

El verdadero éxito de un negocio familiar no se mide solo por sus ganancias, sino por el impacto duradero que deja en las generaciones futuras. Crear un negocio con propósito y valores sólidos permite a las familias construir un patrimonio que trasciende el tiempo, preservando tanto los logros como las enseñanzas que lo hicieron posible. Al ver el negocio como un legado, cada decisión y cada estrategia se alinean con una visión a largo plazo, orientada a preservar y expandir ese valor para las generaciones venideras.

Este capítulo explora los elementos clave para construir y preservar un legado familiar en los negocios. Desde definir valores y planificar la sucesión hasta involucrar a las nuevas generaciones y equilibrar la tradición con la innovación, veremos cómo una empresa familiar puede ser un pilar de fortaleza y propósito.

En el camino, descubrirás que un legado no solo asegura la continuidad de un negocio, sino que también da a las futuras generaciones una razón para sentirse orgullosas y comprometidas.

La Construcción de un Legado Familiar en los Negocios

Construir un legado familiar en los negocios requiere una visión que trascienda generaciones. Este tipo de empresa no solo se centra en el éxito inmediato, sino en los valores y principios que asegurarán su permanencia en el tiempo. Definir una misión y establecer una cultura sólida y de propósito son los primeros pasos para construir un negocio que las futuras generaciones respeten y valoren.

1. Definir los Valores Fundamentales

- **Establecer Principios Duraderos**: Los valores fundamentales son la base del negocio familiar. Estos principios actúan como una brújula para cada decisión y acción, asegurando que el negocio permanezca fiel a su esencia, incluso en tiempos de cambio.

- **Transmitir los Valores a Través de las Generaciones**: La transmisión de los valores no es solo una tradición, sino un compromiso con la identidad del negocio. Asegurarse de que cada generación comprenda y respete estos valores es esencial para preservar el legado.

- **Ejemplo Inspirador**: La empresa Ford ha mantenido sus valores familiares durante generaciones, convirtiendo su visión en una constante que ha permitido que el negocio sobreviva y prospere a lo largo del tiempo. El compromiso con la calidad y la innovación ha sido transmitido de generación en generación, fortaleciendo su legado.

2. Desarrollar una Cultura de Propósito

- **Establecer una Misión Inspiradora**: Una misión clara y significativa fortalece el compromiso de la familia con el negocio. Esta misión es el porqué detrás de cada esfuerzo y motiva a todos a trabajar hacia un objetivo común que va más allá de los beneficios económicos.

- **Crear una Cultura de Colaboración**: Fomentar una cultura en la que todos los miembros de la familia se sientan valorados y escuchados es fundamental para mantener la cohesión. La colaboración y la comunicación abierta fortalecen el sentido de pertenencia y la conexión con el legado.

- **Ejemplo Inspirador**: El Grupo LEGO ha cultivado una cultura de propósito al comprometerse con la creatividad y el aprendizaje, inspirando a las nuevas generaciones a continuar con la visión original de su fundador. Esta cultura ha permitido que el negocio prospere y se mantenga relevante en el tiempo.

Estrategias para Preservar el Patrimonio Familiar

Preservar el patrimonio familiar en un negocio requiere planificación estratégica y un compromiso genuino con el crecimiento a largo plazo. La clave es equilibrar la protección de los activos familiares con la necesidad de adaptarse y evolucionar en un mercado en constante cambio. A través de una sucesión bien planificada y una mentalidad de innovación, las familias empresarias pueden asegurar que su legado perdure.

1. Planificación de la Sucesión

- **Preparar a las Futuras Generaciones**: Es fundamental identificar a los sucesores y prepararlos para asumir roles de liderazgo en el negocio. Esto implica no solo capacitarlos en las habilidades necesarias, sino también inculcarles los valores y la misión de la empresa.

- **Definir Roles y Responsabilidades Claras**: La claridad en los roles evita conflictos y facilita la transición de una generación a otra. Asegurar que cada miembro de la familia comprenda su rol en la empresa contribuye a una sucesión sin contratiempos.

- **Ejemplo Inspirador**: La empresa familiar Ferrero, creadora de productos como Nutella y Ferrero Rocher, ha logrado una sucesión exitosa gracias a su enfoque en la preparación de las futuras generaciones. Este enfoque ha permitido que la empresa siga siendo gestionada por la familia, manteniendo sus valores y misión.

2. Inversión en el Crecimiento y la Innovación

- **Equilibrar Conservación e Innovación**: Para preservar el patrimonio, es importante no solo proteger los activos, sino también invertir en áreas que aseguren la competitividad y el crecimiento. La innovación permite a la empresa familiar mantenerse relevante y continuar con su legado.

- **Diversificación de Inversiones**: En algunos casos, las empresas familiares optan por diversificar sus inversiones para proteger el patrimonio y asegurar su estabilidad. Esto puede incluir la expansión a nuevos mercados, la adopción de tecnologías modernas o la creación de líneas de negocio complementarias.

- **Ejemplo Inspirador**: La familia Mars, detrás de la empresa de dulces Mars Inc., ha expandido su negocio a lo largo de los años diversificando sus productos y explorando nuevos sectores, como el de alimentos para mascotas. Esta diversificación ha permitido a la empresa crecer mientras preserva el patrimonio familiar.

La Transmisión de Valores y el Rol de las Nuevas Generaciones

El éxito de un negocio familiar a lo largo del tiempo depende en gran medida de la capacidad de transmitir valores fundamentales a las nuevas generaciones. Integrar a los descendientes en el negocio familiar, respetando la tradición al tiempo que se da espacio a la innovación, es esencial para preservar el legado. La participación de las nuevas generaciones, combinada con el respeto por la historia del negocio, crea un equilibrio que fortalece la continuidad y relevancia del legado familiar.

1. Involucrar a las Nuevas Generaciones

- **Fomentar el Interés en el Negocio Familiar**: Es fundamental involucrar a las nuevas generaciones en el negocio desde una edad temprana. Esto puede incluir actividades de aprendizaje, invitarlos a reuniones importantes y enseñarles sobre la historia y los valores de la empresa.

- **Ofrecer Espacio para Nuevas Ideas**: Las generaciones más jóvenes aportan perspectivas frescas y una mentalidad innovadora. Darles la oportunidad de presentar ideas y experimentar fomenta su sentido de pertenencia y ayuda a mantener la empresa actualizada y adaptada al mercado.

- **Ejemplo Inspirador**: La familia Rothschild, con siglos de historia en el sector financiero, ha integrado a cada generación en el negocio permitiendo que cada una traiga innovación y una visión adaptada a su tiempo, sin perder la esencia que caracteriza a su empresa.

2. Adaptación a los Cambios y Respeto por la Historia

- **Encontrar el Balance entre Tradición e Innovación**: Es crucial que las nuevas generaciones encuentren maneras de innovar sin comprometer los valores y la misión que definen al negocio familiar. Este balance garantiza que el negocio siga siendo relevante, sin perder su identidad.

- **Capacitar a las Nuevas Generaciones en Valores y Cultura**: Más allá de las habilidades técnicas, las nuevas generaciones deben comprender la cultura y la ética que sustentan el negocio familiar. Esto refuerza la cohesión y el compromiso con el propósito de la empresa.

- **Ejemplo Inspirador**: La bodega de vinos Familia Torres, en España, ha preservado su legado vitivinícola desde 1870, integrando a cada generación con una mezcla de respeto por la tradición y adopción de nuevas tecnologías en sostenibilidad. Esta combinación ha permitido que la empresa siga prosperando mientras mantiene sus raíces familiares.

Beneficios de un Negocio Familiar con Legado

Un negocio familiar que ha sido construido y gestionado como un legado ofrece beneficios que trascienden la rentabilidad. Los lazos familiares, la estabilidad y el compromiso compartido de mantener y expandir el patrimonio fortalecen el negocio y lo posicionan como un pilar de confianza tanto para los empleados como para la comunidad. Este tipo de empresa es más que un medio de subsistencia; es un legado de valores, historia y propósito que tiene un impacto positivo en la sociedad.

1. Estabilidad y Compromiso de los Miembros de la Familia

- **Un Sentido de Pertenencia y Responsabilidad**: La conexión emocional y el compromiso con el legado fomentan la lealtad y la motivación de los miembros de la familia. Esta dedicación ayuda a enfrentar los desafíos del negocio y contribuye a la continuidad del legado.

- **Confianza y Relaciones Duraderas**: Los negocios familiares suelen tener una reputación de estabilidad y fiabilidad. Esta reputación ayuda a establecer relaciones duraderas con clientes, proveedores y empleados, quienes valoran la consistencia y los valores compartidos.

- **Ejemplo Inspirador**: Johnson & Johnson ha mantenido un compromiso con sus valores familiares a lo largo de los años, lo que ha fortalecido su reputación y la lealtad de sus empleados y socios comerciales. Esta estabilidad ha sido clave para su éxito y su impacto positivo en el sector de la salud.

2. Orgullo Familiar y Trascendencia en la Comunidad

- **Sentido de Propósito y Orgullo Compartido**: La construcción de un legado da a los miembros de la familia un sentido de orgullo y propósito. El éxito del negocio se convierte en una fuente de inspiración para las generaciones futuras y en una identidad que trasciende el ámbito empresarial.

- **Impacto Positivo en la Comunidad**: Los negocios familiares que se guían por valores y ética suelen tener un impacto positivo en sus comunidades. A través de iniciativas de responsabilidad social y apoyo a la comunidad, estos negocios fortalecen su legado y dejan una huella significativa.

- **Ejemplo Inspirador**: El Grupo Tata en la India, una empresa familiar con más de 150 años de historia, es conocido no solo por su éxito empresarial, sino también por sus contribuciones a la comunidad. Su enfoque en la responsabilidad social ha dejado un legado que inspira respeto y admiración, tanto a nivel nacional como internacional.

Legado y Patrimonio Familiar en el Negocio

Construir un legado familiar en los negocios es un acto de visión y compromiso que va más allá del éxito financiero. Este capítulo ha mostrado cómo la transmisión de valores, la planificación de la sucesión y la adaptación al cambio permiten que un negocio familiar se convierta en un pilar de estabilidad y orgullo para cada generación. Al preservar el patrimonio familiar, las empresas no solo aseguran su continuidad, sino que también ofrecen a sus miembros un sentido de propósito y pertenencia.

El legado familiar representa el compromiso de generaciones pasadas y futuras para crear algo que trascienda el tiempo. Cada paso en la construcción de un negocio con propósito, cada decisión tomada con integridad y cada vínculo creado fortalece ese legado, consolidando el patrimonio familiar como una herencia de valores que perdura.

Mensaje Final

Construir un negocio familiar no es solo una empresa; es un compromiso que trasciende el presente y se proyecta hacia el futuro. Cada generación tiene la oportunidad y la responsabilidad de preservar, mejorar y transmitir el legado que recibió. Recuerda siempre que el verdadero valor de un negocio familiar no radica solo en sus activos, sino en los principios que representa y en la herencia de propósito y amor que deja para las generaciones venideras.

WARREN BUFFETT:

"Alguien está sentado en la sombra hoy porque alguien plantó un árbol hace mucho tiempo."

ESQUEMA DEL CAPÍTULO 14

1. Introducción a la Creatividad y la Innovación en los Negocios
   - Reflexiona sobre la importancia de la creatividad y la innovación como motores del crecimiento empresarial.
   - La creatividad como herramienta para adaptarse a los cambios y enfrentar los desafíos del mercado.

2. Fomentar una Cultura de Creatividad en la Empresa
   - **Ambiente que Estimula la Creatividad**: Estrategias para crear un entorno que inspire ideas y soluciones innovadoras.
   - **Promover el Pensamiento Abierto y Curioso**: La importancia de alentar a los empleados a pensar de forma diferente y a explorar nuevas ideas.
   - Ejemplo de empresas que han fomentado culturas creativas y logrado innovaciones destacadas.

3. Innovación como Estrategia de Crecimiento
   - **Invertir en Investigación y Desarrollo**: La importancia de destinar recursos a la creación de nuevos productos y servicios.
   - **Innovación Continua y Mejora de Procesos**: Cómo la innovación en los procesos internos mejora la eficiencia y competitividad.
   - Ejemplo de empresas que han implementado estrategias de innovación y han transformado sus industrias.

4. Estrategias para Impulsar la Creatividad y la Innovación
   - **Incentivar la Colaboración y el Trabajo en Equipo**: Cómo la diversidad de ideas contribuye a soluciones innovadoras.
   - **Tolerancia al Fracaso**: La importancia de permitir errores como parte del proceso creativo y de aprendizaje.

- Ejemplo de empresas que han promovido la creatividad a través de una cultura de experimentación y aprendizaje.

5. Beneficios de la Creatividad y la Innovación en el Largo Plazo

- Discute los beneficios como el crecimiento sostenible, la diferenciación en el mercado y la adaptabilidad a los cambios.
- Cómo una mentalidad innovadora impulsa el éxito a largo plazo y fortalece la resiliencia de la empresa.

6. Conclusión: La Innovación y la Creatividad como Fuentes de Evolución

- Reflexión sobre la importancia de la creatividad e innovación como fuerzas para la evolución constante de la empresa.
- Inspiración para que los lectores integren una mentalidad creativa en cada aspecto de su organización.

ALBERT EINSTEIN

"La creatividad es la inteligencia divirtiéndose."

Capítulo 14

EL PAPEL DE LA CREATIVIDAD Y LA INNOVACIÓN

Albert Einstein

"La creatividad es la inteligencia divirtiéndose."

En el mundo empresarial, la creatividad y la innovación son fuerzas poderosas que permiten a las empresas evolucionar, diferenciarse y responder a los desafíos del mercado. La capacidad de encontrar soluciones originales y de reinventarse constantemente es fundamental para el crecimiento sostenible de una empresa. Cuando una organización fomenta la creatividad, no solo abre puertas a nuevas ideas, sino que también crea un entorno dinámico donde la innovación se convierte en una herramienta clave para el éxito.

Este capítulo explora el papel de la creatividad y la innovación en los negocios, mostrando cómo la creación de una cultura que inspire nuevas ideas y soluciones permite a las empresas destacar y adaptarse. Desde estrategias para estimular la creatividad hasta ejemplos de empresas que han revolucionado sus industrias, veremos cómo una mentalidad innovadora impulsa el crecimiento y fortalece la resiliencia empresarial.

Fomentar una Cultura de Creatividad en la Empresa

Para que la creatividad florezca en una organización, es esencial crear un ambiente que inspire a los empleados a explorar ideas, proponer soluciones nuevas y cuestionar el statu quo. Fomentar una cultura de creatividad no solo genera innovación, sino que también motiva y compromete al equipo, impulsando a la empresa hacia el crecimiento y la adaptación continua.

1. Ambiente que Estimula la Creatividad

- **Espacios que Fomentan la Colaboración**: Diseñar áreas de trabajo abiertas, cómodas y que inviten a la colaboración permite que los empleados se sientan más libres para compartir ideas. Un entorno dinámico estimula la creatividad y facilita el intercambio de perspectivas diversas.

- **Herramientas y Recursos para la Inspiración**: Proveer recursos como libros, acceso a cursos de desarrollo creativo y herramientas tecnológicas ayuda a los empleados a expandir su conocimiento y a encontrar inspiración en fuentes variadas.

- **Ejemplo Inspirador**: Google es conocido por su enfoque en crear un ambiente que promueve la creatividad. Sus oficinas incluyen áreas de trabajo no convencionales, espacios para la colaboración y recursos de formación continua que motivan a los empleados a pensar de forma innovadora.

2. Promover el Pensamiento Abierto y Curioso

- **Fomentar la Curiosidad y la Exploración**: Animar a los empleados a hacer preguntas, investigar y explorar nuevas ideas genera una mentalidad abierta que facilita la creatividad. La curiosidad es el primer paso para descubrir soluciones y enfoques originales.

- **Estimular el Pensamiento Divergente**: Incentivar a los empleados a pensar en múltiples soluciones para un problema y a considerar opciones fuera de lo convencional ayuda a generar ideas innovadoras. Esta práctica promueve la flexibilidad y la adaptabilidad.

- **Ejemplo Inspirador**: La empresa 3M alienta a sus empleados a dedicar el 15% de su tiempo a proyectos personales o experimentales. Este enfoque ha llevado al desarrollo de productos innovadores, como los Post-it, y ha contribuido al éxito continuo de la empresa.

Innovación como Estrategia de Crecimiento

La innovación es una herramienta fundamental para el crecimiento empresarial y la competitividad. Las empresas que invierten en innovación no solo mejoran sus productos y servicios, sino que también se adaptan con mayor agilidad a los cambios del mercado y abren nuevas oportunidades de expansión. Adoptar la innovación como una estrategia de crecimiento impulsa la relevancia y sostenibilidad del negocio.

1. Invertir en Investigación y Desarrollo

- **Destinar Recursos para la Innovación**: Invertir en investigación y desarrollo permite que la empresa explore nuevas ideas, mejore sus productos y se mantenga a la vanguardia de su industria. Los recursos destinados a I+D son una inversión en el futuro del negocio.

- **Detectar Nuevas Oportunidades de Producto**: La investigación permite identificar necesidades del mercado aún no satisfechas, así como explorar tecnologías y tendencias emergentes. Estas oportunidades son la base para desarrollar productos o servicios que satisfagan las demandas cambiantes de los clientes.

- **Ejemplo Inspirador**: Apple es un ejemplo de una empresa que destina importantes recursos a la innovación y el desarrollo. Su enfoque en la creación de productos disruptivos ha redefinido múltiples industrias, posicionando a Apple como un líder constante en tecnología e innovación.

2. Innovación Continua y Mejora de Procesos

- **Optimización de Procesos Internos**: La innovación no solo se aplica a productos y servicios, sino también a la eficiencia de los procesos internos. Mejorar continuamente los procedimientos, tanto en producción como en gestión, contribuye a aumentar la productividad y reducir costos.

- **Adaptarse a las Nuevas Tecnologías**: La implementación de tecnologías emergentes, como la inteligencia artificial y el análisis de datos, permite a las empresas ser más eficientes y tomar decisiones informadas. Esto no solo mejora la operatividad, sino que también facilita una respuesta rápida a las demandas del mercado.

- **Ejemplo Inspirador**: Toyota ha implementado estrategias de mejora continua, como el sistema Kaizen, que se centra en la optimización constante de sus procesos. Esta cultura de innovación y mejora interna ha ayudado a Toyota a mantenerse como uno de los fabricantes de automóviles más eficientes y respetados en el mundo.

Estrategias para Impulsar la Creatividad y la Innovación

La creatividad y la innovación prosperan cuando se apoyan en una cultura que promueve el trabajo en equipo, la experimentación y la tolerancia al fracaso. Estas estrategias ayudan a crear un entorno en el que los empleados se sientan libres de proponer ideas, asumir riesgos y aprender de sus errores. Las empresas que abrazan esta mentalidad tienen una ventaja competitiva, ya que pueden adaptarse rápidamente y descubrir nuevas oportunidades.

1. Incentivar la Colaboración y el Trabajo en Equipo

- **Fomentar la Diversidad de Ideas**: La colaboración entre personas con diferentes experiencias y perspectivas genera ideas frescas y soluciones innovadoras. La diversidad es una fuente de creatividad, ya que cada persona aporta una visión única al equipo.

- **Crear Espacios para el Diálogo Abierto**: Proporcionar espacios donde los empleados puedan compartir ideas, discutir y retroalimentarse de manera constructiva fortalece la colaboración. Un ambiente de diálogo abierto estimula la innovación y el aprendizaje mutuo.
- **Ejemplo Inspirador**: Pixar fomenta la colaboración entre sus equipos de animación y dirección creativa a través de un enfoque de "braintrust" o confianza colectiva. Los empleados comparten sus ideas en un entorno seguro donde se alienta la retroalimentación honesta y se potencia la creatividad.

2. Tolerancia al Fracaso

- **Ver el Fracaso como Aprendizaje**: Para innovar, es necesario experimentar, y la experimentación conlleva el riesgo de fracasar. Aceptar el fracaso como una etapa del proceso permite a los empleados aprender y encontrar nuevas soluciones sin miedo a cometer errores.
- **Crear una Cultura de Experimentación**: Permitir que los empleados prueben ideas sin temor a represalias fomenta la exploración y el desarrollo de innovaciones. Este enfoque genera un ambiente donde cada fracaso aporta información valiosa que contribuye al éxito futuro.
- **Ejemplo Inspirador**: Amazon es conocida por su tolerancia al fracaso y su disposición para experimentar con nuevos productos y servicios. Desde el lanzamiento de Kindle hasta Amazon Web Services, su cultura de innovación les ha permitido lanzar proyectos disruptivos a pesar de los riesgos.

Beneficios de la Creatividad y la Innovación en el Largo Plazo

La creatividad y la innovación no solo aportan ventajas competitivas inmediatas, sino que también generan beneficios sostenibles que fortalecen la empresa a lo largo del tiempo. Las organizaciones que adoptan una mentalidad creativa e innovadora son capaces de adaptarse a los cambios, aprovechar nuevas oportunidades y mantenerse relevantes en un mercado dinámico. Estos beneficios impulsan el crecimiento, la resiliencia y la diferenciación.

1. Crecimiento Sostenible y Adaptabilidad

- **Impulso al Crecimiento Continuo**: La innovación fomenta el desarrollo de nuevos productos y servicios que satisfacen las necesidades cambiantes de los clientes. Esto no solo atrae a nuevos clientes, sino que también incrementa la lealtad de los actuales.

- **Resiliencia ante los Cambios del Mercado**: Una empresa creativa y adaptable puede responder a los cambios externos con mayor agilidad. La capacidad de innovar permite a las empresas reaccionar ante nuevas tendencias, regulaciones y avances tecnológicos sin perder competitividad.

- **Ejemplo Inspirador**: Microsoft ha experimentado un crecimiento sostenido gracias a su enfoque en la innovación continua. La adopción de nuevas tecnologías, como la inteligencia artificial y la computación en la nube, le ha permitido diversificar su oferta y adaptarse a las tendencias del mercado.

2. Diferenciación en el Mercado y Fortalecimiento de la Reputación

- **Posicionamiento como Líder en Innovación**: Las empresas que innovan constantemente destacan frente a la competencia y son vistas como líderes en su sector. Este reconocimiento fortalece su reputación y las hace atractivas para clientes, inversionistas y talento de calidad.

- **Creación de Valor para los Clientes**: La creatividad y la innovación permiten ofrecer productos y servicios que superan las expectativas del cliente, creando valor y generando una experiencia única. Esto no solo fortalece la relación con el cliente, sino que también incrementa la fidelidad hacia la marca.

- **Ejemplo Inspirador**: Tesla se ha posicionado como un referente en la industria automotriz gracias a su enfoque en la innovación. Desde vehículos eléctricos hasta sistemas de conducción autónoma, su capacidad para ofrecer productos innovadores ha fortalecido su reputación y su posición en el mercado.

El Papel de la creatividad y la Innovación

La creatividad y la innovación son fuerzas esenciales para la evolución y la diferenciación de una empresa. Este capítulo ha mostrado cómo fomentar una cultura de creatividad e innovación permite a las empresas no solo adaptarse a los cambios, sino también liderar en sus sectores. Las estrategias para promover el pensamiento creativo, la colaboración y la experimentación impulsan el desarrollo de productos y servicios únicos que añaden valor y fortalecen la reputación de la empresa en el mercado.

El éxito en el largo plazo depende de la disposición de la empresa para abrazar la creatividad como una herramienta de transformación y crecimiento continuo. Al fomentar una mentalidad innovadora, la empresa no solo se vuelve más competitiva, sino también más resiliente y preparada para enfrentar los desafíos de un mercado en constante evolución.

Mensaje Final

La verdadera ventaja competitiva no radica en seguir el camino marcado, sino en tener el valor de crear algo nuevo y único. Recuerda siempre que la creatividad y la innovación son los cimientos del cambio y el crecimiento. Al incentivar a tu equipo a pensar de manera original y a explorar ideas diferentes, estás construyendo un futuro en el que tu empresa no solo sobrevivirá, sino que prosperará y dejará una marca auténtica en su sector.

ESQUEMA DEL CAPÍTULO 15

1. Introducción

- Explicar el concepto de "dar la milla extra": qué significa y cómo marca una diferencia notable en los negocios y las relaciones personales.

- Resaltar cómo las acciones adicionales muestran compromiso, determinación y profesionalismo.

2. Importancia de dar la milla extra

- Impacto en la construcción de la reputación y en la percepción del cliente.

- Ejemplos de empresas o profesionales que se destacan por siempre ir más allá de lo esperado.

- Conexión entre esfuerzo adicional y crecimiento a largo plazo.

3. Estrategias para dar la milla extra

- Identificar áreas donde se puede agregar valor, tanto en la relación con clientes como en las tareas cotidianas.

- Fomentar una cultura de mejora continua en uno mismo y en el equipo.

- Técnicas de automejora y retroalimentación constante para superar límites.

4. Conclusión

- Resumir cómo el esfuerzo extra es la semilla de un éxito duradero.

- Inspirar al lector a aplicar esta mentalidad en sus propios proyectos.

Capítulo 15

LA MILLA EXTRA

ESCRITO POR: NADYA PERERA

Anónimo

"El éxito es hacer más de lo que se espera de ti."

En el mundo de los negocios y en la vida, el esfuerzo adicional puede marcar la diferencia entre ser ordinario y ser excepcional. Dar la milla extra significa ir más allá de lo que se espera, hacer ese esfuerzo adicional que no solo demuestra compromiso, sino también pasión y determinación. No se trata solo de cumplir con los estándares, sino de superarlos, de entregar más de lo que el cliente espera o de lo que un equipo requiere.

Este capítulo explora cómo esa dedicación adicional puede convertirse en nuestro sello personal, el factor que nos distingue en un mercado competitivo y en la vida diaria. Porque al final, no solo importa lo que hacemos, sino cómo lo hacemos. Esa actitud de excelencia constante es lo que construye nuestra verdadera reputación, una que perdura más allá de cualquier transacción o logro inmediato.

Importancia de Dar la Milla Extra

La verdadera diferencia entre las personas que se destacan en su campo y las que solo cumplen con lo necesario radica en su disposición a hacer algo más. Dar la milla extra crea una experiencia memorable, tanto para clientes como para colegas, fortaleciendo así relaciones basadas en confianza y admiración.

Impacto en la Reputación

Dar la milla extra no es solo una cuestión de destacar momentáneamente; es una estrategia que, con consistencia, construye una reputación sólida y respetada. En los negocios, la reputación es un activo intangible que genera confianza y credibilidad; factores esenciales para mantener relaciones a largo plazo con clientes, socios y empleados. Ir más allá de las expectativas envía un mensaje claro: te importa lo que haces y las personas para quienes lo haces.

Un ejemplo puede ser cómo las empresas como Amazon, reconocidas por su obsesión con la satisfacción del cliente, han cimentado su reputación global al superar expectativas constantemente. Al responder las necesidades de sus clientes incluso antes de que se expresen, han creado una marca que inspira lealtad y confianza.

Pregúntate: *¿Qué estás haciendo hoy para ser recordado mañana?* Construir una reputación sólida implica trabajar con integridad, cumplir promesas y ofrecer algo más que solo lo esperado. Este enfoque no solo abre puertas, sino que también construye un legado que trasciende el tiempo.

Ejemplos Inspiradores

Historias de éxito siempre han tenido un denominador común: la dedicación inquebrantable y la voluntad de dar más. Un ejemplo emblemático es el de **Howard Schultz**, el visionario detrás de Starbucks, quien transformó una cafetería común en un fenómeno mundial. Su obsesión por brindar una experiencia única a cada cliente, desde la calidad del café hasta el diseño acogedor de las tiendas, demuestra cómo el esfuerzo adicional puede redefinir una industria entera.

Otro caso inspirador es el de **Thomas Edison**, quien, tras numerosos fracasos en sus experimentos, logró inventar la bombilla eléctrica. Su célebre frase *"No fracasé, solo descubrí 10,000 maneras que no funcionan"* refleja cómo el esfuerzo adicional, combinado con la perseverancia, puede cambiar el mundo.

Estas historias nos recuerdan que el éxito no se trata solo de talento, sino de trabajo arduo y el deseo de sobresalir. Piensa en cómo puedes aplicar esta filosofía en tu vida: *¿Qué más podrías hacer hoy para convertirte en la mejor versión de ti mismo?*

Crecimiento a Largo Plazo

Dar la milla extra no solo genera beneficios inmediatos, como la satisfacción del cliente o el reconocimiento del equipo; también es una inversión en tu propio desarrollo personal y profesional. Cada esfuerzo adicional que realizas te enseña algo nuevo, refuerza tus habilidades y construye una mentalidad de mejora continua.

Por ejemplo, aprender a anticiparte a las necesidades de los clientes o a resolver problemas inesperados desarrolla competencias como la proactividad, la resiliencia y la empatía. Estas cualidades no solo benefician tu carrera, sino que también te preparan para liderar y enfrentar desafíos futuros con confianza.

La clave está en la consistencia. Convertir este hábito en un pilar de tu vida te permitirá crecer de manera orgánica y sostenible. Como dice el proverbio: *"No construyas castillos de arena; construye cimientos sólidos que soporten el peso del tiempo."* La milla extra es ese cimiento: un esfuerzo continuo que crea oportunidades duraderas y garantiza un éxito auténtico y sostenible.

Estrategias para Dar la Milla Extra

En un mundo competitivo, destacar requiere más que solo cumplir con lo esperado: exige superarlo constantemente. A continuación, se presentan estrategias prácticas para aplicar el principio de dar la milla extra en cualquier ámbito de la vida, desde el trabajo hasta las relaciones personales.

Identificar Oportunidades de Valor Agregado

El primer paso para dar la milla extra es aprender a identificar dónde puedes aportar más valor. Esto implica observar las tareas diarias con una perspectiva crítica y proactiva:

- **Calidad del servicio:** Analiza cómo puedes mejorar la experiencia de tus clientes. ¿Qué detalles adicionales podrías incluir que los sorprendan o les faciliten la vida? Por ejemplo, en el sector de servicios, un pequeño gesto como un mensaje de seguimiento para asegurar la satisfacción del cliente puede marcar la diferencia.

- **Rapidez de respuesta:** En un mundo donde el tiempo es esencial, responder de manera ágil y efectiva es una forma poderosa de destacar. Piensa: *¿Cómo puedo anticiparme a las necesidades de las personas a las que sirvo?*

- **Personalización:** La atención personalizada genera conexiones significativas. Un ejemplo es recordar los nombres, preferencias o necesidades específicas de tus clientes, demostrando que son más que un número.

Ejercicio práctico: Haz una lista de las tareas repetitivas que realizas en tu trabajo o vida diaria y pregúntate: ¿Qué puedo hacer para mejorarlas o hacerlas más memorables para quienes las reciben?

Cultura de Mejora Continua

Adoptar una mentalidad de crecimiento constante es esencial para dar la milla extra de manera sostenible. No se trata de hacer un esfuerzo esporádico, sino de desarrollar un hábito que te impulse a ser mejor cada día.

- **Aprendizaje constante:** Invierte tiempo en aprender nuevas habilidades o perfeccionar las existentes. El conocimiento adicional siempre encuentra formas de agregar valor en tu desempeño.

- **Evaluación periódica:** Reflexiona sobre tus logros y errores para identificar áreas de mejora. Pregúntate: *¿Qué hice bien hoy y qué puedo hacer mejor mañana?*

- **Inspirar a otros:** Al esforzarte por mejorar, también motivas a quienes te rodean a elevar sus estándares. La mejora continua no solo es individual, sino que tiene un efecto multiplicador en los equipos y organizaciones.

Consejo práctico: Establece un espacio semanal para evaluar tus avances personales o profesionales y planificar acciones concretas para mejorar.

Establecer Metas Personales Superadoras

Las metas superadoras son aquellas que te desafían a salir de tu zona de confort y a alcanzar niveles más altos de rendimiento.

- **Divide y conquista:** Si un objetivo parece abrumador, divídelo en pasos pequeños y manejables. Cada pequeño logro te dará confianza para seguir avanzando.
- **Incorpora retos adicionales:** Por ejemplo, si tu meta es entregar un proyecto en dos semanas, desafíate a agregar un elemento único o a terminarlo antes del plazo.
- **Celebra las victorias:** Reconoce tus avances, grandes o pequeños, para mantenerte motivado.

Ejercicio práctico: Escribe una meta que tengas actualmente y añade un componente adicional que la haga más desafiante. Luego, diseña un plan para lograrla.

Automejora y Retroalimentación

Para dar la milla extra de manera efectiva, es fundamental entender qué áreas puedes mejorar. La retroalimentación constructiva es una herramienta poderosa para identificar tus puntos fuertes y áreas de oportunidad.

- **Solicitar retroalimentación:** No esperes a que alguien te dé su opinión; pídela activamente a colegas, clientes o mentores. Pregunta: *¿Qué puedo hacer mejor?*
- **Analiza con humildad:** Reconoce que el feedback no es una crítica personal, sino una oportunidad para crecer.

- **Aplica lo aprendido:** Usa la retroalimentación para ajustar comportamientos y estrategias que te permitan superar las expectativas en el futuro.

Consejo práctico: Lleva un registro de las opiniones que recibes y crea un plan de acción para trabajar en los puntos clave. Revisa tu progreso regularmente.

Dar la milla extra no se trata de hacer un esfuerzo heroico de vez en cuando, sino de adoptar un estilo de vida centrado en la mejora continua y el deseo de aportar más valor. Estas estrategias no solo te ayudarán a destacar en tu carrera, sino también a construir relaciones más significativas y a desarrollar una reputación de excelencia.

Reflexiona: ¿Qué pequeños pasos puedes tomar hoy para comenzar a dar la milla extra? Porque al final, no se trata solo de lo que haces, sino de cómo lo haces.

Ejemplos y Estudios de Caso

Ejemplo Inspirador: *Jeff Bezos y la Experiencia del Cliente en Amazon*
Cuando Jeff Bezos fundó Amazon, su visión no era solo construir una tienda en línea, sino crear una experiencia de compra que superara las expectativas de cada cliente. Desde su inicio, Bezos se comprometió con un enfoque en la atención al cliente que incluía políticas de devolución amigables, rapidez en el envío y personalización. Estos detalles, que iban más allá de lo esperado, diferenciaron a Amazon en un mercado emergente y contribuyeron a crear una base de clientes fieles que valoraban la milla extra en cada interacción. Este enfoque no solo impulsó el crecimiento de Amazon, sino que también estableció nuevos estándares en la industria de comercio electrónico, donde la excelencia en el servicio al cliente se convirtió en la clave de su éxito.

Caso de Estudio: *Toyota y la Mejora Continua (Kaizen)*
Toyota revolucionó la industria automotriz no solo con la calidad de sus vehículos, sino también con su enfoque en la mejora continua, conocido

como *Kaizen*. Cada empleado, sin importar su rol, está alentado a buscar pequeñas mejoras en sus tareas diarias. Esta filosofía va más allá de simplemente hacer bien el trabajo; promueve un entorno donde el esfuerzo adicional es un valor compartido. La práctica de Kaizen permitió a Toyota reducir costos, mejorar la eficiencia y crear una cultura en la que dar la milla extra es parte fundamental del éxito. En esta sección, se puede resaltar cómo esta filosofía es aplicable a cualquier ámbito profesional, mostrando que el esfuerzo adicional puede ser una poderosa herramienta de mejora y diferenciación.

1. **Ejercicios Prácticos**

- **Paso 1**: Hacer una lista de las principales actividades de la semana o del mes en el trabajo o en la vida personal.

- **Paso 2**: Reflexionar sobre cada actividad y preguntarse: *¿Qué podría hacer para agregar valor en esta situación?* Por ejemplo, en una reunión, se podría ofrecer información adicional o una solución a un problema que se discute, o, en el trato con un cliente, se podría personalizar el servicio de acuerdo a sus preferencias.

- **Paso 3**: Implementar estas ideas en la próxima interacción y observar los resultados. Llevar un registro de las reacciones de los demás y reflexionar sobre cómo el valor agregado cambió la interacción o el resultado.

2. **Desafío de la Semana Extraordinaria**

Este ejercicio es una práctica activa que te desafía a hacer algo extra cada día durante una semana, con el fin de crear un hábito de esfuerzo adicional. Aquí una guía para este desafío:

- **Día 1**: Empezar por hacer algo sencillo, como llegar 10 minutos antes al trabajo y preparar el ambiente para el día o colaborar con un compañero en una tarea.

- **Día 2**: Identificar una tarea rutinaria y agregarle un detalle especial. Por ejemplo, si es un reporte, hacerlo más visual y atractivo para que sea fácil de comprender.
- **Día 3**: Invertir en la relación con un cliente o colega. Enviar un mensaje de agradecimiento o una nota personalizada después de una interacción importante.
- **Día 4**: Tomarse el tiempo de aprender algo nuevo relacionado con su trabajo que pueda mejorar sus habilidades.
- **Día 5 a 7**: Reflexionar y escoger acciones específicas que puedan mejorar el entorno de trabajo, como aportar ideas en una reunión, ofrecer ayuda en otra área o ser proactivo en la solución de un problema.

Al final de la semana, puedes evaluar cómo este esfuerzo extra impactó su trabajo, sus relaciones y su autopercepción.

Dar la milla extra no es solo una estrategia; es una forma de vivir y trabajar con dedicación, compromiso y visión a largo plazo. Aquellos que van más allá de las expectativas no solo construyen una reputación sólida, sino que también experimentan un crecimiento continuo y se posicionan como referentes en su campo. Cuando hacemos ese esfuerzo adicional, demostramos que estamos dispuestos a hacer lo necesario para alcanzar la excelencia y, en última instancia, el éxito.

Cerrando este capítulo, se invita a los lectores a reflexionar sobre el legado que desean construir. Pueden hacer una pausa y pensar en preguntas como: *¿Cómo me gustaría ser recordado en mi ámbito profesional? ¿Estoy construyendo una reputación basada en la dedicación y el esfuerzo extra?* Estas preguntas buscan que los lectores se conecten con el impacto a largo plazo de sus acciones diarias y que, en última instancia, el esfuerzo extra sea una expresión de su autenticidad y compromiso.

El esfuerzo extra que ponemos en cada tarea es una inversión en nosotros mismos y en nuestra trayectoria. Que esta práctica te inspire a superar tus propios límites y a convertirte en un ejemplo de determinación y grandeza. Recuerda: en cada paso que damos más allá, estamos construyendo una huella que deja una impresión duradera en los demás.

ESQUEMA DEL CAPÍTULO 16

1. Introducción
- Explicar la empatía como un valor fundamental en las relaciones empresariales y humanas.
- Cómo la empatía fortalece la conexión con clientes, empleados y socios.

2. Importancia de la empatía en los negocios
- Cómo la empatía ayuda a comprender y atender mejor las necesidades del cliente.
- Relación entre empatía y liderazgo efectivo: la importancia de entender a los demás para guiar y motivar.
- Empatía como herramienta para resolver conflictos y fomentar la colaboración.

3. Estrategias para practicar la empatía
- Escucha activa y comunicación no verbal: cómo prestar atención genuina a los demás.
- Técnicas para ponerse en el lugar de otros y entender diferentes perspectivas.
- Fomentar un ambiente de respeto y comprensión en el equipo y con los clientes.

4. Conclusión
- La empatía no solo mejora las relaciones, sino que construye puentes que fortalecen la confianza y el respeto.
- Motivar al lector a incorporar la empatía en su vida profesional para crear un impacto positivo.

Capítulo 16

LA EMPATÍA

ESCRITO POR: NADYA PERERA

Alfred Adler

La empatía es ver con los ojos de otro, escuchar con los oídos de otro y sentir con el corazón de otro."

En un mundo cada vez más conectado, construir lazos de empatía se convierte en un valor esencial para el éxito y el liderazgo. Entender y sentir desde la perspectiva de otros no solo nos permite construir relaciones más sólidas, sino que también nos ayuda a resolver problemas y a innovar en función de las necesidades reales de los demás. En el ámbito empresarial, la empatía transforma la relación con los clientes, colaboradores y socios, permitiendo una conexión más genuina y duradera. Este capítulo examina cómo la empatía puede convertirse en una ventaja poderosa en los negocios, y cómo practicarla día a día nos lleva a ser líderes más efectivos y personas más conectadas con nuestro entorno.

Importancia de la Empatía en los Negocios

La empatía no solo es esencial en la vida personal, sino que en el ámbito de los negocios es una habilidad que abre puertas y genera conexiones genuinas. La empatía impulsa relaciones basadas en la comprensión y el respeto mutuo, construyendo así entornos más colaborativos y efectivos.

1. ¿Por Qué la Empatía es Clave en los Negocios?

La empatía no es solo una cualidad personal, es un pilar estratégico en el mundo empresarial.

- **Fortalece la confianza:** Cuando demuestras empatía, las personas se sienten valoradas y comprendidas, lo que fomenta la lealtad de clientes y empleados.
- **Mejora la resolución de conflictos:** Al entender las emociones y necesidades de las partes involucradas, es más fácil encontrar soluciones que beneficien a todos.
- **Impulsa la innovación:** Comprender las necesidades de los clientes ayuda a crear productos y servicios que realmente resuelvan sus problemas.

2. Estrategias para Desarrollar la Empatía

a) Ponerse en los Zapatos del Otro

La empatía comienza con la capacidad de ver el mundo desde la perspectiva de otra persona.

- **Haz preguntas abiertas:** Pregunta "¿Cómo te sientes respecto a esto?" o "¿Qué puedo hacer para ayudarte?"
- **Escucha activamente:** Presta atención no solo a las palabras, sino también al lenguaje corporal y al tono de voz.

b) Practicar la Comunicación Empática

Una comunicación efectiva incluye la validación de las emociones de los demás.

- **Refleja lo que escuchas:** Repite lo que la otra persona dice para confirmar que lo has entendido correctamente, como: *"Entiendo que te sientes frustrado porque..."*

- **Evita juzgar:** En lugar de criticar, busca entender por qué alguien actúa de determinada manera.

c) Construir Relaciones Auténticas

La empatía requiere conexiones genuinas basadas en la confianza y el respeto.

- **Invierte tiempo en conocer a los demás:** Aprende sobre sus valores, intereses y desafíos.
- **Muestra vulnerabilidad:** Admitir tus propios errores o dificultades crea un terreno común y fomenta una relación más humana.

3. Ejemplos Inspiradores de Empatía en Acción

Caso 1: Howard Schultz (Starbucks)

Schultz lideró con empatía al proporcionar seguros médicos a sus empleados, incluso cuando la empresa enfrentaba dificultades económicas. Este acto no solo mejoró la moral interna, sino que también consolidó la reputación de Starbucks como una empresa que prioriza a las personas.

Caso 2: Satya Nadella (Microsoft)

Al asumir el liderazgo de Microsoft, Nadella transformó la cultura corporativa al enfocarse en la empatía. Escuchó a los empleados, fomentó la inclusión y lideró con una visión centrada en las necesidades del cliente. Bajo su dirección, Microsoft experimentó un renacimiento que lo convirtió nuevamente en un líder tecnológico.

4. El Poder de la Empatía en el Crecimiento Personal y Profesional
Impacto Personal:

- La empatía fomenta el autoconocimiento, ya que para entender a los demás, primero debes comprender tus propias emociones.
- Mejora tus relaciones personales al crear conexiones más profundas y significativas.

Impacto Profesional:

- En el liderazgo, la empatía crea equipos más unidos y motivados.
- En ventas, permite identificar y satisfacer las necesidades reales de los clientes, lo que aumenta la fidelidad y las oportunidades de negocio.

Reflexiona: ¿Cómo podría cambiar tu día a día si dedicaras tiempo a escuchar con empatía a las personas que te rodean?

Estrategias para Practicar la Empatía

Aquí se presentarán técnicas específicas que se pueden usar para desarrollar y practicar la empatía en sus relaciones profesionales y personales.

- **Escucha Activa y Comunicación No Verbal**: Enfatizar la importancia de escuchar sin interrumpir, observando tanto las palabras como el lenguaje corporal de los demás. Esta técnica ayuda a captar matices emocionales que podrían pasar desapercibidos en una escucha superficial.

- **Ponerse en el Lugar del Otro**: Al imaginar las emociones y perspectivas de los demás en situaciones concretas. Practicar este ejercicio ayuda a desarrollar una comprensión más profunda y genuina hacia las experiencias de otros.

- **Fomentar un Ambiente de Comprensión y Respeto**: Animar a los líderes y a los miembros de equipos a crear espacios seguros donde las personas se sientan escuchadas y valoradas. Un ambiente empático aumenta la cohesión y reduce tensiones.

- **Capacitación y Reflexión Continua**: Exploren talleres o cursos de empatía y resolución de conflictos. La capacitación formal, junto con momentos de auto-reflexión, permite desarrollar una empatía práctica y duradera.

Howard Schultz y la Cultura de Starbucks. Desde sus inicios tuvo una visión única de Starbucks, donde no solo se vendería café, sino que se construiría un espacio que valorara tanto a los empleados como a los clientes. Schultz creía que, para brindar una experiencia única al cliente, primero era fundamental que los empleados se sintieran respetados y valorados. Starbucks fue pionera en ofrecer beneficios de salud y educación para empleados de medio tiempo, un acto de empatía que construyó lealtad y sentido de pertenencia. Esta cultura de empatía ha sido clave en la expansión de Starbucks y en su conexión emocional con millones de clientes. Este ejemplo demuestra cómo la empatía hacia el equipo y hacia el cliente es una estrategia empresarial efectiva y duradera.

Southwest Airlines y el Cuidado del Cliente. Se ha destacado en la industria aérea por su enfoque en la empatía hacia el cliente y el trabajador. Esta aerolínea ha desarrollado políticas para atender de manera cercana y humana a sus pasajeros, personalizando la experiencia y construyendo una marca querida y respetada. Un ejemplo significativo es la flexibilidad en las políticas de cambio y cancelación, que demuestran comprensión y respeto por las necesidades cambiantes de los clientes. Este compromiso con la empatía y la flexibilidad le ha ganado a Southwest Airlines una lealtad incomparable, mostrando cómo la empatía puede ser la base de una ventaja competitiva.

Ejercicios Prácticos

1. Diario de Perspectivas

Este ejercicio te puede permitir desarrollar la capacidad de ver el mundo desde la perspectiva de otras personas, aumentando su comprensión y empatía. A continuación, los pasos para realizar este ejercicio:

- **Paso 1**: Al final de cada día, los lectores pueden elegir una interacción significativa que hayan tenido, ya sea en el trabajo o en su vida personal.
- **Paso 2**: Escribir en un diario lo que observaron, cómo se sintieron y cómo piensan que la otra persona experimentó esa interacción.
- **Paso 3**: Reflexionar sobre lo que podrían hacer de manera diferente para mejorar la comprensión y la conexión en futuras interacciones. Este

ejercicio ayuda a desarrollar una conciencia de los demás y a perfeccionar la habilidad de sintonizar con sus emociones y perspectivas.

2. Escucha Activa en Reuniones

En las reuniones de trabajo, los participantes suelen estar tan concentrados en sus propias respuestas que no siempre escuchan completamente a los demás. Este ejercicio les permite practicar la escucha activa, una herramienta clave para la empatía:

- **Paso 1**: Durante la próxima reunión, deben enfocarse en escuchar sin interrumpir, tomando notas de lo que consideran más importante de cada intervención.

- **Paso 2**: Al final de la reunión o al final de cada intervención, parafrasear lo que escucharon de los demás para confirmar que comprendieron correctamente, diciendo algo como: *"Si te he entendido bien, lo que estás diciendo es..."*.

- **Paso 3**: Observar cómo esta técnica de escucha activa cambia la dinámica de la reunión y fortalece las relaciones con el equipo. La escucha activa no solo aumenta la empatía, sino que también demuestra respeto y genera confianza entre los participantes.

La empatía es el puente que conecta personas, ideas y sueños, creando relaciones que trascienden los intereses individuales. En un entorno donde muchas veces prevalece la competencia, la empatía se convierte en un factor diferenciador que construye confianza y facilita el trabajo en equipo. La capacidad de comprender a los demás nos hace líderes más efectivos, colegas más comprometidos y seres humanos más compasivos.

En esta conclusión, invitamos a los lectores a hacer una pausa y considerar el poder de la empatía para construir puentes, tanto en sus relaciones profesionales como en sus vidas personales. La empatía es una herramienta que conecta, un valor que trasciende las metas personales y comerciales. Reflexionar sobre estas preguntas puede ser una forma poderosa de terminar este capítulo: *¿Cómo estoy mostrando* *empatía en mis interacciones diarias? ¿En qué formas podría fortalecer mis relaciones escuchando y comprendiendo mejor a los demás?*

La empatía es una habilidad que puede cultivarse y expandirse. Cada pequeño esfuerzo por comprender mejor a los demás deja una marca en nuestro entorno y, a su vez, nos convierte en personas y líderes más conscientes. Que esta práctica te inspire a construir relaciones más sólidas y auténticas, donde la empatía sea el valor que guíe tus interacciones y decisiones.

Practica la empatía como un hábito diario, un valor que enriquece tus relaciones y te conecta con el mundo desde una perspectiva de comprensión y respeto. Que cada interacción sea una oportunidad para escuchar, aprender y crecer, convirtiéndote en una persona que no solo busca el éxito, sino que también deja un impacto positivo en los demás.

Capítulo 17

CRECIMIENTO ORGÁNICO

La reputación en el mundo de los negocios es uno de los activos más valiosos que una empresa o profesional puede tener. Sin embargo, a diferencia de las ventas o los ingresos, no es algo que se pueda comprar ni construir de la noche a la mañana. La reputación es el reflejo de nuestras acciones acumuladas a lo largo del tiempo, una muestra de la coherencia, integridad y consistencia en cada paso que damos. No se construye en semanas ni en meses, sino en años de dedicación y esfuerzo.

En este capítulo exploraremos cómo la reputación se desarrolla como un crecimiento orgánico, comparable al proceso de plantar y cuidar un árbol. Cada acción, cada interacción, es como un riego o un rayo de sol que contribuye al desarrollo de una imagen sólida y duradera. La diferencia entre el crecimiento rápido, que es a menudo superficial, y el crecimiento sólido, que es profundo y resistente, es clave para entender por qué la reputación debe ser construida de forma paciente y natural.

La Diferencia entre Crecimiento Rápido y Crecimiento Sólido

Cuando hablamos de crecimiento en el ámbito empresarial, es común pensar en los ingresos y las ventas como los principales indicadores de éxito. Sin embargo, el crecimiento de la reputación y el crecimiento de las ventas no son lo mismo. Las ventas pueden incrementarse con campañas de marketing agresivas, descuentos, promociones o ampliando el equipo de ventas. Estas tácticas generan un impulso inmediato, y cuando se aplican correctamente, pueden ser efectivas para aumentar la presencia de una empresa en el mercado.

Pero la reputación no sigue estas mismas reglas. Intentar "vender" una reputación de forma acelerada puede dañar gravemente la imagen de una empresa. La reputación es algo que se gana, no algo que se compra. Requiere constancia, autenticidad y una relación genuina con clientes, socios y la comunidad. En lugar de promociones rápidas o campañas agresivas, el crecimiento de la reputación se basa en la confianza que los clientes depositan en la empresa, confianza que se construye cada vez que una promesa es cumplida, cada vez que un cliente se siente escuchado y valorado.

La diferencia clave aquí es la **sustentabilidad**. Un crecimiento rápido de ventas puede desaparecer tan pronto como las campañas se detengan o los descuentos se reduzcan. Pero una reputación construida de manera orgánica persiste porque está fundamentada en una relación de confianza con los clientes. A largo plazo, una empresa que haya cultivado una reputación positiva y auténtica tendrá una base de clientes leales que la prefieren y la recomiendan, incluso cuando no haya promociones de por medio.

Ejemplos Prácticos: Crecimiento Rápido vs. Crecimiento Orgánico

Imaginemos dos empresas ficticias que representan dos enfoques distintos:

- **Empresa A**: Esta empresa decide enfocarse en maximizar sus ventas en el menor tiempo posible. Para lograrlo, invierte una gran cantidad de dinero en publicidad agresiva, descuentos y promociones para atraer clientes. Al principio, los resultados son notables. Las ventas se disparan y la empresa gana notoriedad rápidamente. Sin embargo, los clientes no sienten una conexión auténtica con la empresa; para ellos, es solo una opción de compra entre muchas, elegida por las promociones y no por la calidad o confianza. A largo plazo, la falta de atención a la experiencia del cliente y la presión constante por vender comienza a erosionar la imagen de la empresa. La notoriedad ganada rápidamente no se traduce en una reputación sólida, y los clientes no vuelven cuando las promociones desaparecen.

- **Empresa B**: Esta empresa adopta un enfoque diferente. En lugar de buscar ventas inmediatas, invierte en ofrecer un servicio excepcional, escuchar a sus clientes y asegurar que cada transacción sea una experiencia positiva. Aunque el crecimiento es más lento, cada cliente que pasa por sus puertas se va con una experiencia memorable, y algunos de ellos recomiendan la empresa a amigos y familiares. Con el tiempo, Empresa B construye una base de clientes fieles que la eligen por la calidad, la confianza y el trato personal. No necesita invertir grandes sumas en publicidad agresiva porque su reputación actúa como un imán natural que atrae a nuevos clientes de forma orgánica.

Estos ejemplos muestran cómo la velocidad del crecimiento en ventas no necesariamente refleja la profundidad del impacto de una empresa en el mercado. Mientras que la primera empresa crece rápidamente y luego se estanca o incluso pierde clientes, la segunda empresa ve un crecimiento lento pero constante y, con el tiempo, se convierte en una opción preferida y confiable.

La Metáfora del Crecimiento de un Árbol

Podemos pensar en la reputación como el proceso de plantar y cuidar un árbol. Al principio, cuando se planta una semilla, no se ven resultados inmediatos. El árbol tarda en crecer, y durante ese tiempo necesita un cuidado constante: riego, luz solar y protección. A pesar de no ver frutos ni crecimiento inmediato, sabemos que bajo la superficie se están formando raíces, esas bases invisibles que sostendrán el árbol durante años.

De la misma manera, cada acción y cada decisión que tomamos en los negocios, aunque parezca pequeña o insignificante en el momento, contribuye a nuestra reputación. Cada cliente satisfecho, cada trato justo, y cada acto de transparencia son como raíces que se extienden y fortalecen la base de nuestra reputación.

Cuando enfrentemos tiempos difíciles o momentos de cambio en el mercado, esas raíces nos permitirán mantenernos firmes y seguir creciendo.

Si intentamos acelerar el proceso y hacemos uso de tácticas que buscan resultados inmediatos a costa de la autenticidad o la ética, es como tratar de forzar el crecimiento de un árbol tirando de sus ramas. En lugar de fortalecer el árbol, esto lo debilita y aumenta el riesgo de que se rompa ante la primera tormenta. La reputación, al igual que un árbol robusto, es una inversión a largo plazo que requiere paciencia, pero que, con el tiempo, brinda frutos abundantes y duraderos.

Los Peligros de Intentar Acelerar el Proceso

El deseo de ver resultados rápidos puede llevar a una empresa a tomar atajos o a usar estrategias que comprometan su integridad. Algunos ejemplos comunes incluyen exagerar los beneficios de un producto, prometer más de lo que se puede cumplir o priorizar las ventas por encima de la satisfacción del cliente. Aunque estas prácticas pueden ofrecer resultados inmediatos en términos de ingresos, el costo a largo plazo es alto: la pérdida de confianza y credibilidad.

Una reputación es frágil cuando se construye de esta manera. Los clientes modernos tienen acceso a múltiples fuentes de información y no tardan en descubrir cuando una empresa no actúa de forma transparente o ética. La reputación, entonces, se convierte en algo efímero, difícil de sostener y recuperar una vez dañada. Por eso, al construir una reputación, es fundamental priorizar la calidad y la integridad sobre los resultados inmediatos, sin importar cuán tentador sea el crecimiento rápido.

Reflexión Final y Motivación

Para cerrar, recordemos que la reputación es, en última instancia, el reflejo de nuestro compromiso con nuestros valores y principios. Aunque el crecimiento orgánico puede parecer lento, es la única forma de construir una base sólida que resista el paso del tiempo y las adversidades del mercado. Una buena reputación, una vez establecida, no solo atrae clientes, sino que también genera confianza, lealtad y una identidad que trasciende.

Construir una reputación sólida es una carrera de resistencia, no de velocidad. A cada paso que damos, estamos sembrando la confianza que nuestros clientes tendrán en nosotros. Es un crecimiento natural, como el de un árbol que, con paciencia y dedicación, echa raíces profundas y nos brinda sombra y frutos duraderos.

JAIME PERERA

"Tu reputación es tu legado.

Construýela día a día y, con el tiempo, será tu activo más valioso."

PALABRAS FINALES:

A lo largo de estas páginas, hemos explorado los pilares y estrategias que fortalecen un negocio y lo preparan para enfrentar los desafíos del mundo actual. Desde la construcción de una reputación sólida y la superación de obstáculos hasta el valor de la creatividad y el legado familiar, cada capítulo ha sido una invitación a ver el negocio no solo como una fuente de ingresos, sino como una extensión de los valores, aspiraciones y sueños de quienes lo construyen.

Emprender es un camino lleno de aprendizajes, éxitos y retos, pero también es una oportunidad para dejar una huella y para contribuir al bienestar de quienes nos rodean. Cada esfuerzo invertido, cada decisión tomada y cada idea innovadora forman parte de un proyecto más grande que tiene el potencial de trascender y convertirse en un verdadero legado.

Como se nos recuerda en **Proverbios 16:3**: *"Encomienda a Jehová tus obras, y tus pensamientos serán afirmados."* Este versículo resalta la importancia de poner nuestros esfuerzos y planes en manos de Dios, confiando en que, al hacerlo, encontramos la dirección y el propósito en nuestras acciones.

Espero que este libro haya sido una fuente de inspiración y herramientas prácticas, y que cada lección aquí compartida te impulse a construir una empresa que te haga sentir orgulloso. Al final, los negocios más exitosos son aquellos que reflejan autenticidad, integridad y pasión; porque un negocio con propósito no solo prospera, sino que también enriquece la vida de quienes lo tocan.

Querido lector,

Gracias por acompañarme en este recorrido hacia el éxito empresarial y la construcción de una reputación sólida y duradera. Mi mayor deseo es que cada capítulo haya despertado en ti nuevas ideas, herramientas y la inspiración necesaria para implementar estos valores y principios en tu propio camino.

Si encontraste valor en estas páginas, te agradecería enormemente que tomes unos minutos para dejar una reseña en Amazon. Este es mi primer libro, y tu opinión no solo ayudará a otros lectores a descubrirlo, sino que también me permitirá seguir mejorando y compartiendo conocimientos en el futuro.

Tu apoyo significa mucho para mí. ¡Gracias por formar parte de esta experiencia y por ayudarme a hacer crecer esta comunidad de lectores comprometidos con el éxito y la integridad en los negocios!

Con gratitud y aprecio,
Jaime Perera
Email: jaimepereral@gmail.com

Escanea este código y deja tu reseña

www.ingramcontent.com/pod-product-compliance
Lightning Source LLC
Chambersburg PA
CBHW071540220526
45469CB00003B/859